“非传统巡回图书见面会”之旅

“大家好！这是本次图书宣传会在全美的行程地图。”

“你好温哥华”——克里斯向到场的加拿大读者表示欢迎

“主宰世界”高峰论坛

克里斯和他的“主宰世界”团队在一起共商“大计”

“谁想主宰世界？”——克里斯在“主宰世界”高峰论坛开幕式上发表演讲

克里斯和他的“小军队”

克里斯在俄勒冈州波特兰市与他的粉丝们进行头脑风暴

克里斯在洛杉矶同他的热心读者见面

“世界上最好的工作”——在非洲做义工的日子 I

克里斯在西非的贝宁共和国代表慈善机构同美国大使洽谈慈善问题

克里斯在塞拉利昂首都弗里敦的集中营看望流离失所的非洲儿童

克里斯在利比里亚首都蒙罗维亚担当总统选举会的志愿者

“世界上最好的工作”——在非洲做义工的日子II

作为“志愿医疗船”的项目总监，克里斯在同美国驻非大使 William Booth 先生进行会面磋商

克里斯和南非开普敦荣誉大主教戴斯蒙·图图在一起

克里斯在南非开普敦一家演播室录制访谈节目

走进“老虎王国”

“两只老虎”——克里斯在泰国清迈和他的新朋友 Sticky Rice 玩行为艺术

精彩绝伦的人生路线

享受一个人的静谧时光

克里斯在西雅图咖啡馆写作本书

全世界读者寄给“主宰世界”总部的明信片——我能为这个世界做点什么

超越框住的人生

如何在常规的世界过不平凡的生活

（美）克里斯·吉尔博 著
王祖宁 译

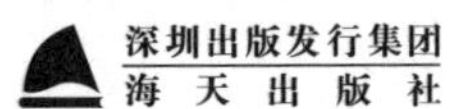

图书在版编目 (CIP) 数据

超越框住的人生：如何在常规的世界过不平凡的生活 /（美）吉尔博著；王祖宁译 .
-- 深圳：海天出版社，2012. 1
ISBN 978-7-5507-0293-6

I. ①超… II. ①吉…②王… III. ①人生哲学－通俗读物 IV . ① B821-49

中国版本图书馆 CIP 数据核字（2011）第 224136 号

版权登记号 图字：19-2011-084 号

超越框住的人生 (CHAOYUE KUANGZHU DE RENSHENG)
海天出版社出版发行
（地址：深圳市彩田南路海天大厦 518033）
http://www.htph.com.cn
订购电话：0755-25970306，83460397

出 品 人：尹昌龙
执行策划：桂 林 黄 河
责任编辑：许全军
责任技编：梁立新
特约编辑：戴圆圆
版式设计：张 英
封面设计：谈志佳

深圳市永利达印刷有限公司印刷 海天出版社经销
2012 年 1 月第 1 版 2012 年 1 月第 1 次印刷
开 本：787 × 1092mm 1/16 印张：13 插页：0.5
字 数：188 千字
定 价：29. 80 元

To all my friends in China —

When I first began traveling the world, one of my first trips was to HARBIN. I've now been to more than 150 countries, but my memories of China remain strong. I hope you enjoy this book, and more importantly — I hope it helps you to create some kind of positive change in your life.

Best wishes + happy travels,

Chris Guillebeau

致我所有的中国朋友们：

当我刚开始周游世界的时候，曾把哈尔滨作为我最初的几个尝试之一。虽然现在我已经走过全世界150多个国家，但中国至今仍活在我记忆中的某个角落。我希望你们喜欢这本书，然而更重要的是——我真心希望它能为你们的人生带来某种积极正面的改变！

留下我最美好的祝福，愿各位都能享受属于自己的幸福人生之旅！

克里斯·吉尔博

权威推荐

《出版商周刊》（*Publishers Weekly*）

作者对当今学位、金钱、就业等问题的现状提出了大胆而创新的见解，用风趣幽默而充满活力的口吻指引人们走向成功。克里斯本人丰富传奇的人生经历也将鼓舞着读者倾听内心的声音，走自己的路，最终实现人生的目标！

赛斯·高汀（Seth Godin）
畅销书《紫牛》《小就是大》作者

《超越框住的人生》是一本真挚、坦率、甚至让人有些不寒而栗的著作。我希望你有勇气听完克里斯的话，不要让自己成为他所警告的那些猴子之一。

迈克尔·邦吉·斯坦尼尔（Michael Bungay Stanier）
《忙到点子上》（*Do More Great Work*）作者

这本书教给我们如何以无畏而优雅、坚韧而自我的方式找到自己的道路，制订自己的规则，并且发现人生的意义。

格雷琴·鲁宾（Gretchen Rubin）
《纽约时报》头号畅销书《幸福计划》（*The Happiness Project*）作者

在重大压力逼迫我们随波逐流和趋吉避祸的同时，怎样才能塑造自己梦想的人生？克里斯从自己不拘常规的冒险历程中汲取经验，为这场别开生面的辩论开辟了一个崭新的视角。

乔纳森·菲尔兹（Jonathan Fields）

《把兴趣变黄金》（*Career Renegade*）作者

有些人满足于对他人的成功津津乐道，而克里斯则不然。对于他人只敢梦想的东西，他却身体力行、孜孜不倦。他不断打破可能与不可能之间的界限，并将自己的经验、手段、观念和对策以一种切实可行而又催人奋起的方式在书中与我们分享。

帕梅拉·斯利姆（Pamela Slim）

《创业是人人必备的第二专长》（*Escape from Cubicle Nation*）作者

传统的世界秩序业已崩溃，这让莘莘学子、公司职员、艺术家和活动人士感到如释重负，因为他们知道他们的人生还有更好的活法。这本精彩的著作不仅能够让你豁然开朗、思如泉涌，而且还能够指引你创造自己想要的崭新人生。

古　典

新精英生涯总裁，畅销书《拆掉思维里的墙》作者

每个人都希望与众不同，但是却没有人真正思考如何开始，还有一些人真正有了开始，却发现太难而退了回来。这就是我要推荐这本书的理由——如果你想要建立自己的生活原则，建造一个你热爱的生活大厦，《超越框住的人生》就是一个详细的建筑蓝图和操作手册。

记得，如果你不思考和计划你的人生，一定会有别人正在思考和计划它。

读者热评

我很感激他写了这样一本书 Pattie Thomas, Ph.D.

对于任何一个想要改变自己却又不知道该从何处下手的读者来说，这是一本很好的启蒙书，我要力荐这本书，它曾经帮助我在自己的人生道路上作出了一些重要的决定。

见解独到深刻，非常给力 Yael Grauer

这本书不但实用而且耐人寻味，作者用自己的亲身经历作指引，对于那些不安于现状、想要活出自我的人，提出了颇具建设性的意见。

书中带有清新的理想主义气息，却又没有白日做梦的味道。本书具有国际化视角，并从全球许多做大事的人那里吸取了灵感。

准备好改变你的命运吧 George Lake

我认为这本书一定是从天而降的一本奇书！

它唤醒了我内在的觉知，原来我们可以拥有无数梦想，相信一切皆有可能，只要是你真正想做的事情，就一定有办法可以达成。

他在关键时刻推了我一把，让我有希望成为自己真正想要成为的人，我的命运将为之改变！

这正是我梦寐以求的 Jason Gracia

市面上充斥着太多关于如何拥有美好人生的书，但大都没什么新意。

克里斯·吉尔博却是那么与众不同，这个年轻人好像突然之间就在这个世界掀起了一阵风暴。他的风格，他的方式，他的见解和观念，一切都是如此的犀利和新鲜，让同行中几乎每个高手都不得不折服于他的魅力。

如果你想要改变自己的命运，最终从狭小的生活空间和无尽的例行公事中逃脱出来，《超越框住的人生》将为你指明前进的方向。

一本不可多得的好书，我深深地被吸引了 Thomas Duff "Duffbert"

我追随克里斯·吉尔博的官方博客"不顺从的艺术"已经有好一阵子了。当我知道他就自己的理念"构建自己的人生原则"写了一本书的时候，我真是激动极了。我从图书馆借来这本书，一拿起来就放不下了，终于决定自己购买一本。这本书实在是太棒了，它让我重新审视自己的人生，让我反思：为什么我一直都没能活出内心渴望的自己。

很能激发人，读后让我有醍醐灌顶之感 YuSi

虽说他的思想多少继承了尼采的"超人"哲学，但他的文笔比尼采那些晦涩的文字爽快多了。

在社会上，很多人为了适应，选择了妥协。然而 Chris 的事迹却告诉我们，如果能看清社会的变化，找到合适的方法，找到自己真正的目标并为之努力，就能在保持自我的同时，取得真正有意义的成功。

趣味自测

你是否骨子里就喜欢“不顺从”

请用最短时间回答下面的问题，不用多想，选出第一时间出现在你脑海中的选项：

1．如果别人对你作出了不恰当的评价，你通常的反应是什么？

A. 很苦恼，他们根本就不了解我。

B. 我一定要用拿出实际成果来证明给你们看看！

C. 没什么，走自己的路，让别人去说吧。

2．是否想过每年学习两样新技能？

A. 没必要吧，把正事干好了就行啦。

B. 这个主意挺好的，只是很多时候都抽不出时间啊。

C. 在我的计划表上，我一直在尝试这样做，感觉很棒。

3．是否尝试过投资？

A. 我对投资没什么概念，投资是富人的游戏。

B. 我一直很想学习如何投资，但始终摸不清其中的门道。

C. 当然尝试过，不过有时候，我更喜欢把钱投资在自己的身上。

4．你目前的工作状态如何？

A. 按部就班，无所谓喜欢不喜欢，毕竟工作只是用来谋生的工具。

B. 我不太喜欢我的工作，一直在努力寻求解决方案。

C. 我做的事情是自己选择和喜欢的，比较享受目前的工作状态。

5．你对工作有什么期望？

A. 我只想找一份像公务员那样稳定又有保障的工作，那样我就一辈子不用愁了。

B. 我希望找一份自己喜欢的工作，快乐工作，好好生活。

C. 我希望把工作当成终生事业，希望它能体现我的核心价值，让我享受其中。

6．如果现在给你 100 万，你会如何使用它？

A. 当然是用它找点乐子，好好放松一下，享受人生。

B. 存到银行，以备不时之需或拿去投资，钱生钱。

C. 马上投资于自己喜欢或感兴趣的事情，准备大干一场。

7．多数时候，你是如何让自己的业余生活过得丰富多彩的？

A. 上网、看电视、出门逛街购物等，时间不知不觉就过去了。

B. 尽可能做些自己喜欢的事情，培养自己的兴趣。

C. 制订周密计划，做一些有实质意义的事情。

8．有一本书叫《迟到的间隔年》，有些白领看过此书后大受影响，辞去朝九晚五的工作，去远方过着边打工边旅行的生活，体验人生，寻找自我，你怎么看？

A. 不务正业，无病呻吟，逃避现实，不成熟，放着好好的日子不过，为什么偏偏选择流浪？

B. 很羡慕那些徐霞客们，早已厌烦了几平米的办公室，可那终究需要强大的内心和能力。

C. 间隔年因人而异，并不一定非要怎样，但人生很多事情只有你去体验了才能从中成长，学到东西，如果你做好了准备，还是值得一去的。

9．你选择过几种旅行方式？

A. 大部分都是跟团，省心，省力，价格也较实惠。

B. 跟团，和亲友（或驴友）背包客自由行。

C. 背包客，义工旅行，边打工边旅行，WHV，WWOOF，大部分我都体验过。

10．对于每天朝九晚五的生活，你是否想过逃离或有其他的打算：

A. 丝毫不介意朝九晚五，毕竟那是一份安稳的生活，没什么不好。

B. 虽然多次构想过逃离，但尚未计划好以后的方向，所以目前还是不得不继续这种日子。

C. 当然有自己的打算，为此我制订了一些明确的计划，我正朝它们一步步迈进！

11．你对冒险的看法是什么？

A. 这种事情不是我的菜，还是留给那些激进疯狂的人吧。

B. 人生难得冒险，偶尔为之，或许也是一种不错的体验。

C. 简直爽到家了，我总是很享受那种挑战自我的感觉。

12．你比较认同下面哪一种对成功的定义？

A. 一份体面的工作，较高的社会地位，赚很多钱，有房有车，随心所欲过日子。

B. 发挥出自己的潜能，向他人证明自己的能力，得到同行业界人士的认可。

C. 做自己，走自己的路，做喜欢的事情，充分发挥出自己的独特价值。

13. 你相信下面哪种理念？

A. 有些人生来就含金汤匙，有些人生来就在贫民窟，命运是不公平的。

B. 我对我的人生负有一部分责任，通过正确的努力，在一定程度上可以改变命运。

C. 我要为我的人生负 100% 的责任，因为是我创造我自己的人生，心有多远，舞台就有多大。

14. 很多人都说大学是人生中最美好的时光，你对上大学有什么看法？

A. 寒窗 12 年苦读，就是为了上好的大学，找到好的工作，这样才能出人头地，大家不都是这样走过来的吗？

B. 上大学不仅能获得好的学历，学习知识，还能扩大你的见识面，无论如何，上大学都是很有必要的，不上大学的人生不完整。

C. 上大学主要是为了学习知识，让我成才，当然，如果我不上大学就能获得更好的深造机会和成才经历，那么我可以放弃上大学。

15. 你的大学时光如何度过？

A. 隔三差五翘翘课、每逢假期玩通宵、轰轰烈烈谈恋爱，大学不就是“由你玩四年”吗？

B. 有课就去上课，没课就去泡图书馆、自习室，因为成绩很重要，还得为考研做准备。

C. 学习之余，挖掘自己真正的兴趣，积极参加各种社团活动，合理安排自己的时间，为步入社会提前做准备。

16. 作为应届毕业生，就业市场供不应求，找到一份满意的工作更是难上加难，你怎么办？

A. 虽然不是很喜欢自己所选的专业，但毕竟已经学了四年，不想浪费时间，所以我会尽量找个对口的工作，努力适应社会。

B. 我真的不太喜欢所学的专业，但先谋生要紧，不喜欢的工作先干着，以后慢慢想办法，慢慢准备，等待机会的降临。

C. 工作关系一生的事业，绝对不可以随便将就，没有机会可以创造机会，我知道我想要的是什么，我会一直朝这个方向去奋斗。

17. 你做了一个美好的白日梦，你能否将其变成创业点子或创意产品（如小说、剧本）？

A. 这有点天方夜谭了吧，不靠谱，我想我大概没有这等本事。

B. 模模糊糊有过这个想法，只是目前还不是很确定，希望有一天能够梦想成真吧。

C. 当然！我一直在尝试这样做，如果不将其分享出来，岂不是浪费了我的美梦？

18. 你认为你可能拥有一个成功的美好人生吗？

A. 我不相信天上掉下来的馅饼会砸到我的头上。

B. 我当然希望自己能够有一个美好人生。

C. 是的，我认为我一定会过得非常成功的！

评分标准：A—0 分，B—1 分，C—2 分

测试结果：

0 ~ 12 分：你骨子里不太喜欢“不顺从”

你是个安于现状的人，容易受他人和环境的影响，这样至少你周围的人大都不会对你提出质疑，你可能很少产生被孤立的感觉，因为大家都是一样。多少年来我们都被训练成要“随遇而安”，或许你也曾想过要改变，但也许你更安享于目前的生活状态。然而我们相信，每个人身上都有“不顺从”因子，你的或许只是尚未被激活而已，为什么不尝试接受另一种思维呢？或许本书的能量能为你的生活注入一些新的活力！

13 ～ 22 分：你骨子里有一部分“不顺从”

看得出你很想改变自己的现状，或许你兴趣广泛，才华横溢，或许你对自己的未来也有很多的憧憬，但一时又不知道从何做起。其实你是个很有潜质的人，请相信自己，你只是需要一些指导和实践的机会来帮助你更好地规划和采取行动，一旦你发现了内心深处真正想要的东西，接下来的一切都只是顺水推舟。不要再犹豫了，请听从自己的内心，让本书为你开启“不顺从”的人生旅程吧！

23 ～ 36 分：你骨子里就喜欢“不顺从”

现在已经大踏步地走在了“不顺从”的艺术之路，或许已经小有作为了吧？你富有创造力和冒险精神，也有很多不错的想法，是个不折不扣的“反现状”斗士，我们很高兴找到了你这样一位同道中人，我们知道，在追逐梦想的路上，你一定感到过孤独，大家都不理解你，可你却还是义无反顾地坚持着自己的路，请一定要坚持下去。如果你看了本书觉得和你意气相投的话，别忘了将它推荐给你的朋友们哦。

目　录

人们倾向于相信，幸福的秘诀在于减少工作。但我的看法是：与其放弃工作，何不想方设法让工作更美好？让我们尽情享受接下来的旅程吧。

让我们把这些元素融合在一起：工作，冒险旅程，精神遗产。如果你对此欣然向往，那就让我们继续向前，迈向本书的终结之旅吧。

谨以此书献给我亲爱的人生伴侣

——朱莉

出发前的叮咛

如果大家都跳下去了，你也跟着跳吗

小时候，当你想要做一件父母和师长都不喜欢的事情时，很可能会听到这样的问题："如果其他人都从桥上跳下去了，难道你也要从桥上跳下去吗？"他们的意思是，如果这是一件蠢事，即使人人都去做了，你也不应当盲目效仿。他们的逻辑是，**要有自己的看法，不要盲从他人。**

这条忠告倒是不错，不过有时候他们说这句话的本意并不在于鼓励你进行独立思考而在于让你循规蹈矩。直到有一天，当你长大成人以后，突然发现所有事情都发生了翻天覆地的变化。人们开始希望你的一举一动都能够像他们一样。如果你对此表示反对，并且辜负了他们的期望，其中的一些人就会觉得你不可理喻，甚至对此恼羞成怒。他们好像在问："嘿，咱们都从桥上跳下去了，你为什么不跳？"

我写这本书的目的就是想要将这条孩提时代的信息应用到成人世界中去。至于那些从桥上跳下去的人们，就让他们去跳吧。你要作出自己的决定，按照自己的方式去生活。

如果你能够在做任何事情之前都像一个三岁的孩子那样问问"为什么"，至少可以保证你从桥上跳下去之前会考虑一下自己还有没有别的选择余地。在面对自己不喜欢的请求、责任或者期望时，这种做法能够让你对自己所听到的一切进行认真审视，从而找出隐藏在其后的动机和原因。

当你反问“为什么”而得到的回答却是“因为你应该这样做”，那么走到桥边时你最好格外小心。无论是在工作和生活中，还是在进行不计其数的决定和选择时，这种情况每天都会发生。你不可避免地会遇到许许多多座桥和其他人的期望。但是，究竟跳还是不跳却完完全全取决于你自己。

虽然给你提出这条忠告的人自己也未必做得到，但你从小就听到过的这句话的确称得上是一句至理名言。为什么当其他人都从桥上跳下去时，你也得跟着从桥上跳下去呢？反之，你可以退后几步，转过身去，根据自己此前脑海中一闪即逝的念头踏上一次全新的冒险之旅。你也可以劝阻其他人离开桥栏，或者重新设定那些将你带到这座桥上来的处事规则。只要你开始用不同的方式去思考问题，就会有无限的可能性出现在你的面前！

THE ART OF NON-CONFORMITY

行程 1

精彩绝伦的人生路线

既然这是你自己的人生，那么为何不能构建自己的原则？你不仅可以让自己有所获益，而且还能够帮助他人。让你人生的新篇章从这里开始启程吧。

3.2 万美元的教训

金钱本身没有价值

“当你准备醒来的时候再来找我”

困在笼子里的猴子和另一种选择

起点站

觉醒吧，你的未来不是梦

大多数人都生活在平静的绝望之中，行将就木之际，还未唱出心底的生命之歌。(梭罗)

你的人生其实可以过得更加精彩

我写这本书的目的是为了转变你对人生和工作的看法。

首先，如果你的人生正处于重大转折时期，这一改变会让你获益匪浅；

其次，如果你暂时看不到重大转折，但却想为命运的改变创造契机，这一转变同样能够对你有所帮助；

最后，如果你陷入了某种困境，但却始终相信“人生绝不会仅此而已”，那么这本书就是为你写的。

在漫长险阻的人生旅途中，你会遇到形形色色的人。有些人会向你伸出援手，而另一些人却会不择手段地阻止你取得成功。我们将会探讨如何与自己所需要的人取得联系，以及如何在获得帮助的同时帮助他人。我们还会遇到一些蓄意伤害你的人，这其中有古板保守的看门人，有尖酸刻薄的批评家，也有妄图榨干你的吸血鬼。我会逐个向你揭示他们的险恶用心和卑鄙伎俩，并且告诉你怎样才能对他们进行迎头痛击。

你将会了解有关主宰世界、自主创业、设定目标、另类旅行等许多非传统的观念。虽然有些话题需要展开讨论才能全面掌握，但是为了力求完整，我对有关内容进行了压缩。如果你能够读完本书并且将其中的经验教训应用到自己的人生之中，你便将完全有能力达到自己设定的任何目标，甚至坦然接受新的挑战，完成更多自己此前从未想过的事情。

3.2 万美元买一个教训，值不值

在“希望”与“恐惧”的战争中，“希望”往往是最后的赢家。因此，这本书是写给那些想要改变世界的乐观向上的人们，而非愤世嫉俗者。如果这本书中讲解的故事和阐述的观念能够为你的人生带来巨大的转机，那么我们都是最后的赢家，而作为赢家，我们有责任和义务按照自己的方式去生活，同时对他人给予帮助。我们的目标非常简单——从此以后，一切都将有所转变。

反之，如果不幸这本书没有为你带来任何转变，那就说明我失败了。在这种情况下，我不仅会在亚马逊网站上得到最差的评价，也会因为浪费了诸位的时间而不得不向你道歉。但是，我既不想要最差的评价，也不希望向任何人道歉，所以我必须努力赢得你的信任，并且在书中提供切实有效的个人经验。

在西非担任救援义工四年之后，我于 2006 年秋季回到美国读研究生。表面上，我花了两年时间，在华盛顿大学获得了一个国际研究硕士学位。然而事实上，我却花了 3.2 万美元的学费，只为学到动机的用处。

此后不久，我便开始了自己的写作生涯。在下文中，我们还会讨论我的这一转变同高等教育之间的关系。但现在我们讨论的重点在于，当我查看研究生院必修课表的时候，突然发现这些功课约有 80% 都毫无价值，或者价值甚微。设计这些课程的用意只是为了让学生“有事可做”，好让这一体系继续运作下去。

我还发现从事这种活动的不仅有学生，而且教职人员和管理人员也有相当一部分工作与此如出一辙。有一位教授深谙其中的奥妙，甚至用“扯淡”一词来形容这种现象。所谓“扯淡”，就是说做这些事情的目的只是为了完成某些要求，让一切看起来合乎情理，或者仅仅就是为了打发时间。

就像装模作样是顺利完成高等教育的有效途径一样，当你走出校门以后，庸庸碌碌就成了判断你大部分工作的唯一标准。假使你已经

具有一定的工作经验，大概就会对此有所认同。如果你完成某项任务的唯一目的就是为了让事情看起来合情合理，而对客户、同事等却毫无益处，那么你就成了这场平庸游戏中的一员。同样的道理，如果你曾参加过那种漫无目的又冗长拖沓的会议，自然也能体会到什么叫做“碌碌无为”。

有鉴于此，我希望能够最大限度地减少“扯淡”和“平庸”，所以本书篇幅不长，但要谈的内容却很多。在研究生院有价值的20%的时间里，我领悟到了这样一条重要的教训：“务必始终认真审视他人的动机和用意。”举个例子来说，当你翻开一本书时，就应该首先问问自己：“作者为什么要花上几个月或者数年来写这本书？”“他的用意何在？”

有时候，作者的用意会显而易见，有时候却秘而不宣，但是任何一本书都有其写作目的。如果你早已懂得了这个道理，那么恭喜你，因为你用不着再读研究生，从而可以为自己省下3.2万美元的学费。不必谢我，但是，当你翻开任何一本书时，一定记得要按照这条教训认真考虑一下作者的动机与用意是什么。

> 我不明白人们为什么总是害怕新思想。我倒觉得旧观念才是最可怕的。（约翰·凯奇）

不过，在读这本书的时候，你就不必煞费苦心地思索我的动机了。为了替你节省时间，我现在就很乐意将自己的用意直言相告。我希望能够通过本书帮助大家挑战权威，从而造就不拘常规、非同凡响的人生。而我的任务就是通过一则简单的信息完成一场翻天覆地的变革，这则信息就是：**你不需要按照他人的期望来度过自己的人生。**

即使你只读到这里，却能够在日常生活中始终遵循这条原则，那么你的人生也将产生巨大的转变。想想看吧，仅仅是学会认真思索他人的动机就至少价值3.2万美元，那么不按照他人的期望去生活又价值几何呢，这我就不好说了。无论如何，你必须为自己的人生作出决定。不过，我还是希望你能够继续读下去，因为接下来我们还有许多问题需要讨论。

真的重要！我不想浪费你的宝贵时间

在我们继续进行讨论之前，我希望没有浪费你的时间。为了确保能够让你开卷有益，首先我要基于四条原则进行几点假设，那些能够从根本上改变世界的人大都做到了这四点。

原则 1：你必须乐于接纳新思想

无论你是自由派还是保守派，有神论者还是无神论者，富有还是贫穷，或者被那些喜欢争长竞短的人划入其他群体，这些都不重要。事实上，在我看来，这些“非此即彼”的描述是一种虚假的两分法，从而造成人们毫无意义的对立。这些问题和我们所讨论的话题毫不相干，因此在大多数情况下，我们无需对此加以注意。

但是，你必须乐于接纳新思想。当然，这并不是指盲目地接受一切新观念，而是说我们在对任何新兴事物表示反对之前一定要详加思考。在接纳任何一种新思想的同时，你需要对自己可能仍然持有的旧观念进行反思。无论是本书还是其他资料，你所遇到的任何事物并不见得与你的处境密切相关。因此，你的目标就是关注那些对自己有意义的事物，并且将这些重要的观念运用到自己的人生当中。

原则 2：你必须对自己的现状感到不满

你必须有超越自己周遭一切的欲望。如果你对现状表示满意，那么在此我祝你幸福，但这本书对你就不再有什么帮助了。在接下来的旅程中，我会指引你对自己的现状发起全面反击。然而，我们的现状自有其维护者，其中大多数都是消极地接受眼前的一切，但本书却是写给那些不安于现状并且力求有所改变的人。

如果你想了解自己的现状，不妨参阅下表“让你变平庸达人的 11 种方法”。这张表所列出来的 11 条项目都代表着某种舒适、安逸的生活。

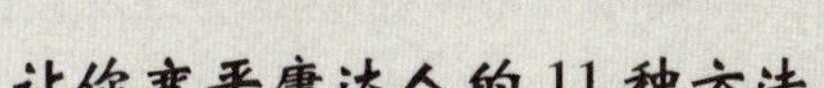

让你变平庸达人的11种方法

1. 不假思索地接受他人的观点。

2. 从不质疑权威。

3. 为了上大学而上大学，而不是为了学到知识。

4. 一生当中出国一两次，只去些诸如英国之类的安全地方。

5. 不准备再学任何外语，反正大多数人都懂英语。

6. 梦想开创自己的事业，却从来没有付诸实践。

7. 想要写一本书，却从来都不动笔。

8. 设法获得最高的贷款额度，然后花30年的时间去偿还。

9. 每周坐在办公桌前40个小时，只有10个小时是真正有效率的工作时间。

10. 不敢表现自己，以免成为众矢之的。

11. 循规蹈矩，随波逐流。

我所列举的内容并不完整，或许你可以根据自己或者身边其他人的经验对其进行补充。

如果其他人都从桥上跳下去而你也跟着跳下去的话，很少有人会对你进行谴责，但这种人生会让你与挑战和风险绝缘。正如梭罗所言，这是一种平静而绝望的生活，在你的内心深处，仿佛一直萦绕着这样一个问题："难道这就是我想要的人生吗？我是否错过了什么？"如果你不希望自己的人生处在这种平静的绝望之中，那就请你继续读下去吧。

原则3：你必须愿意承担个人责任

无论将来发生的事情是好是坏，你必须愿意为此承担一切责任。

从某种程度上来说，我们的过去或许塑造了我们的现在，但不一定能够决定我们的未来。如果你的童年在不幸中度过，在过去的某个时候有些人曾经深深地伤害过你，那么现在就是证明他们错误的最好时机。如果小时候父母对你呵护备至，对于诸如心理伤害和社会歧视之类的事情你却一无所知，那你的确比我们大多数人幸运不少。然而，得到的越多，受到的束缚也就越大，现在是你走出来的时候了。

不管你是上述哪种情况，从这一刻开始，无论成功还是失败，你都必须愿意为自己的行为负责。

原则 4：你必须愿意努力付出

在许多人看来，要想提高自己的人生质量，其关键在于减少工作。但在我看来，其关键在于懂得如何工作。我相信大多数人都愿意努力付出，但我们希望自己的工作能够赋予我们力量，并且对他人产生积极的影响。只有这种工作才值得我们去付出，而其他工作无论完成与否，都应当立即放手。实际上，**人生当中最值得我们怀念的时刻并不是那些舒适安逸的日子，而是那些最富挑战性的关头**。因此，我们不仅应当努力克服挑战，还应当积极地去寻求挑战。

上述四条原则也许听起来像是老生常谈，但我可以向你保证，要想真正做到这几点却异常艰难。几乎每一个人都认为自己思想开明，可是，当变化来临时，我们当中的大多数人都会感到如芒在背。我们喜欢事情本来的样子，或者至少是我们想象中的样子。同样，很多人不仅不愿意为自己的人生负责，反而指望他人能够满足自己的需求。他们往往把所有错误都归咎于外部因素——上司、同事、父母、环境或者政府。反正都是别人的错，他们自己不用负责。

许多人都会不假思索地接受人生的现状，仿佛自己只是一个置身事外的梦游者，像一个局外人一样看待着这个世界。当有人设法从中逃离时，梦游者就会对那些人进行排挤或视若无睹，指出他们逃离计划中的不足之处。最后，说到工作，大多数人都对此花费了很长时间而实际上却并没有真正努力付出。他们总是着眼于距离现在还有数年甚至数十年之久的未来。而在本书中我们所要探讨的观点是，对于那些对自己现在和未来都意义重大的工作，我们都应当努力付出。

你不相信这些说法吗？没关系。我不会因此而恼羞成怒，也希望你不要感到不快。不过为了你的时间，同时也是为了我的书评，我不得不说也许我们的想法不太合拍，那样的话你还是最好把自己的时间花在其他地方。如果迄今为止你仍然赞同我的看法，或者至少愿意先听听，那么在此我邀请你继续同行，接着走完下面的旅程。

在我们进一步展开讨论之前，最后还有一点需要请你注意：如果你仔细考虑了上述观点，其结果很可能非常危险。在认真反思了自己的动机以后，人们常常会辞去工作、改换职业、创办慈善组织、远赴天涯海角、重新返回校园或者选择彻底退学，从而使得自己的人生产生超乎常规的巨大转变。在接下来的内容里，我会向你讲述许许多多这样的故事。但是，我要首先告诉你的是，这一切都是怎样发生的。

从联邦快递员到自由职业者，我的故事还在续写

有一点我必须在此说明：我并非以导师自居，也不认为自己对所有的问题都成竹在胸。我所做的一切，无非是将自由作为最高的人生价值并根据这一原则来构建自己的人生。

在本书旅程的第 5 站，我将会详细向你讲述自己是如何跳过高中，直接进入大学就读，并且认识了我的妻子朱莉。像我一样，她热衷于海外生活，选择了一条不同于周遭人的事业道路。十多年之后，我们仍旧携手相牵。

我的最后一份传统意义上的工作是在 20 岁那年，当时的我就职于田纳西州孟菲斯市的联邦快递公司，负责在夜间运送箱子。这份工作真是糟糕透顶。一天，当我回到家中以后，时间已经是凌晨 4 点（如果工作超过午夜，每一个小时可以多赚 50 美分）。我坐在自己花了 15

美元从“救世军”慈善机构那里抢购来的餐桌旁，四处打量了一下自己的房间，心想：“我再也不要过这样的生活了。”

也许是一时心血来潮，我决定登录一个新建的网站 eBay.com 看看。我先是从自己的公寓里搜罗了一堆不用的旧货，然后随手给它们拍了几张照片，想要看看有没有人对这些东西感兴趣。当时数码相机刚刚问世，所以我只能按照老式的做法，用 35mm 的相机逐个拍照，然后把底片送到冲洗店去冲洗。第二天，拿到照片以后，我来到一所大学的图书馆里进行扫描，最后通过电子邮件把它们发给住在蒙大拿州的弟弟肯。虽然当时肯只有 15 岁，却已经建立了自己的动画批评分析网站。他慷慨地从服务器上清理了一些空间，并且把我信手拍下的那些照片传了上去，以便我能够进行拍卖。

第一个星期，我平均每小时赚 19 美元，比我在联邦快递的薪水还多一倍。拍卖结束的那一天，我刚好过完周末，准备回公司上班。当时正值 12 月，孟菲斯遭遇了一场极为罕见的冰风暴，整个城市都陷入瘫痪之中。但不管有没有冰风暴，班还是得上，所以我打算开车驶出公寓的车道。尽管时值圣诞销售旺季，但我的汽车却不肯配合：我倒车的时候，一个打滑车身失控，险些撞上邻居的汽车。“我这是何苦呢？”我一边反问自己，一边熄火下车，回到了家中。从此以后，我再也没有回到传统的工作世界里。

没过多久，我屋子里可以卖的东西已所剩无几，所以我开始四处搜寻批发商店。后来，我发现了一桩牙买加咖啡的生意——我以每磅 10 美元的价格买进，再以每磅 17 美元的价格卖给国内喜欢这种咖啡的人们。于是，每个星期都会有几袋 50 磅重的咖啡豆送到我的公寓来。1999 年，全球咖啡价格暴跌，造成了一场不小的灾难。一天，我把刚刚研磨好的 80 袋咖啡粉放在自己从“救世军”那里抢购来的桌子上，可是桌子突然垮了，把我的猫吓坏了，地板上的咖啡粉末花了很久才清理干净。尽管如此，对于这些损失我并不怎么在意，因为那时我已经有能力到家得宝家具用品店购买一张价值 40 美元的桌子了。

除了做咖啡生意以外，我还学会了如何设计网站，列出潜在买家

的电子邮件名单。在接下来的几年里，为了维持生计，我尝试过各种各样自主创业的办法，虽然没有让自己成为一名百万富翁，也谈不上什么经营策略，却也卓有成效。那个时候，我从事业余音乐表演已经有数年之久，经常在市内参加演出。我早上工作，下午则花上一两个小时研究爵士音乐和音乐理论，而晚上，我又会应邀在市内表演，每逢周末还会参加各地的音乐节。

这些事情很有意思。我喜欢音乐表演，最让我感到得意的事情就是我想什么时候工作都可以。尽管如此，我还是感到若有所失——虽然我做了很多有意思的事情，但我的人生似乎少了一个整体的焦点。于是，我自愿在教堂做义工，并且不断向慈善机构捐款。但是，相对于世界各地的紧急需求来说，我所做的不过是杯水车薪。"9·11"事件之后，我感到异常悲愤，希望能够通过网络寻找更多的服务机会。我无意间读到了一位外科医生的故事，他已经在战火纷飞的非洲待了17年，而且现在仍然没有离开那里。

那个故事深深地打动了我。许多医生和专职人员偶尔才会远赴他乡作此义举，而这个人的大部分时间都是在世界上最贫穷的国家度过的。当我发现他住在一艘医疗船上并且在招募长期义工时，我不由得心中一动。

当时，朱莉还在一所高中任教，却毅然决定和我一起报名，并签署了一份为期两年后来又延期至四年的合约。这份工作让我的生活发生了巨大的转变。我一边奔波于难民、军阀和各方负责人之间，又一边代表那些在船只上工作的医疗慈善机构往返于西非进行磋商。虽然这份差事没有报酬，但它却是世界上最好的工作，因为我从这里学到的东西是任何一所大学都无法比拟的。

然而，辞去这份世界上最好工作之时，正是我开始感到厌倦之际。在我所认识的那些长期在战后国家工作的人当中，除了我在刚才提到的外科医生加里·帕克之外，大多很快就对周围的一切变得尖酸刻薄、愤世嫉俗。当然这也无可厚非，战区的工作的确十分艰难，但我不想让这种情况出现在自己身上。四年以后，我感到疲惫不堪，而且也不想变得像他们那样愤世嫉俗。

于是，我和朱莉一起返回美国，在华盛顿州西雅图开始了新的生活。我进入了一家研究生院，并全新投入出版业，此外，在接下来的一年里，我还往返于全世界 20 多个国家，同时利用业余时间进行马拉松训练。我在非洲的历练大大增加了我的领导经验，于是我也凭借这方面优势自愿在当地一家非营利性机构担任董事长。

换句话说，生活虽然忙碌而充实，我却仍然觉得怅然若失。我不清楚自己究竟想要寻找什么，但却知道它一定就在某个地方。我喜欢到各地旅游，因为有了在非洲的那段工作经验，即使面临再艰难的处境，我也能泰然处之。于是，我决定周游世界，迄今为止，我已经游历过 100 多个国家。后来，我开始记录旅途见闻，一开始在网站上发表，就吸引了数万名固定读者。后来，我转而从事出版创作，其中便包括现在你正在阅读的这本书。

我的故事还没有结束，当然也不知道接下来还会发生什么事情。我向来不迷信权威，也从不认为有人会比其他任何人都好。至于我想说的大多数事情，你也许早就知道，这里我只是略加补充而已。如果你已经跳出常规，开始了冒险之旅，那么我们不妨从猴子谈起。

五只猴子的梦游人生

听说过笼子里关着五只猴子的故事吗？故事是这样的：

> 一个笼子里关着五只猴子，外面是一个痛恨猴子的虐待狂。笼子下面放有食物和水，虽然它们不至于忍受饥渴，但是每天却只能透过玻璃看着外面的世界，过着无聊乏味的生活。笼子里的食物虽然很糟，但至少能够吃饱。不过，在笼子的上面却挂着一大串令人垂涎欲滴的香蕉，而且这个虐待狂还在笼子里面放了一架梯子。
>
> 在刚刚被关进笼子里的时候，这些猴子都感到无比惊恐惧。

可是过了一会儿，其中的一只爬上梯子，想要伸手去够香蕉。就在这时，不知从哪里冒出来一根水管，把梯子上的猴子浇得浑身都湿透了。但不止是它，就连其他猴子也不得不跟着泡在冷水里。因为一只猴子不服管束，结果其他猴子都跟着受到了株连。

接下来的几天里，这种情况反复发生了几次。只要一有猴子爬上去够香蕉，所有的猴子都会被淋成落汤鸡。没过多久，当再有猴子想要爬上梯子时，其他的猴子就会群起而攻之。虽然香蕉就挂在它们的头顶，但谁也拿不到。于是，这群猴子只好无可奈何地接受了自己吃不到香蕉的命运。

有一天，实验方式发生了一些改变。虐待狂从笼子中放出一只猴子，然后再放另外一只猴子进去。这只新来的猴子不知道伸手拿香蕉会遭到什么样的惩罚，所以独自爬上了梯子，但很快就被其他猴子拉了下来，因为只有这样，才能确保集体的安全。

第二天，笼子里又换进了另一只新猴子，事情的经过与前一天如出一辙。每当新来的猴子想要去够那串香蕉的时候，就会被其他猴子拉下来，并且逐渐适应了这里的情况。五天以后，最初的那五只猴子已经不复存在，后来换进来的猴子虽然没有一个遭到淋水的惩罚，但谁都知道它们不能去爬梯子。最后，终于有一只猴子忍不住问道："嗨，我们为什么就不能吃那些香蕉呢？"其他猴子耸了耸肩，然后齐声回答："不知道——我们只知道不能吃。"

就像那些对自己头顶挂着的香蕉视而不见的猴子一样，如果你选择了庸庸碌碌的生活，那么你的人生必然会在梦游中度过。然而和那些猴子不同的是，人生并不是一场阴谋，没有虐待狂把我们关在笼子里。这种安于现状的模式是相互传染的。梦游者对于我们身处的世界视若无睹，他们不需要承担太大的风险，但也不会得到太多的报酬。没有人会指责他们的选择，也包括我在内。只有一个大问题：对于我们这些喜欢冒险的人来说，梦游者的生活实在是太糟了。

幸运的是，我们都不是被关在笼里的猴子。我们完全可以爬上梯子拿到香蕉，甚至可以挣脱牢笼。你也许曾经听人说过，请求他人的原谅比请求他人的许可来得容易。这话说得没错，但更好的消息是：我们需要获得他人宽恕以及许可的事情实际上寥寥无几。

如果你已经身陷牢笼，那么现在就是你打破四周的玻璃从中挣脱出去的时候了。你既不需要为了爬上梯子而请求任何人的许可，也不需要为了从笼中逃脱而向其他人道歉。如果说梦游人生就是庸庸碌碌者的“现实世界”,显然,我们的另一种选择就是充满生机与冒险的“真实世界”。加入到这个生机勃勃的世界中来吧，人生本来就是一场冒险之旅，只要你愿意拥抱这样的生活，世界的大门随时都向你敞开。

这本书将带给你哪些改变

在本书中，我们将会谈到不少极富挑战性的观念。其中至关重要的一点，也是贯穿本书整个旅程的一点，就是我在此前提到过的——你不需要按照他人的期望度过自己的人生。这句话听起来简单，但事实却并非如此。要想真正做到这一点，你不仅需要毅力与勇气，还需要决心。不过，从好的一面来说，许多常被人们视为先决条件的事物，其实根本就没有必要。比如，你不一定非要智商超群、受人欢迎、家境富有或具备其他优势。事实上，这些条件有时候反而会阻碍你得到真正想得到的东西。

在行程 1“精彩绝伦的人生路线”中，我们将主要探讨关于挑战权威和走出自己道路的人生哲学。我们还将探讨如何制订人生规则，克服内心恐惧与缺乏安全感的障碍以及直面外在的看门人与批评家的狙击。

在行程 2“全新改造的工作路线”中，我们将改变你固有的思维模式，探讨我们究竟该如何以及在哪些方面付出我们的宝贵时间。我们还会研究如何从自身而不是从雇主那里获得安全感，如何招募并创建自己的小军队，以及最为重要的财务问题——你究竟需要多少钱？怎样才能得到它？

在行程 3“意味深长的整合路线”中，我们会进一步探讨有关人生与工作的话题。我们会论及简单生活、追求充实人生以及另类的旅行机会，此外，我们还会谈到创建遗产的问题（不论你的年龄大小）。在本书旅程的终点站，我们会对那些贯穿书中的“危险想法”进行概述，帮助你发掘内心深处真正的想法。

实现个人自由和造福他人是本书中最为关键的两条价值观。除此以外，书中还包含另外一些重要的观点，现在，请让我在下面进行逐一说明。

金钱本身没有价值

在现代社会里，我们需要金钱才能活下去，所以我们应该在不危及他人的前提下获取自己需要的钱财。然而，金钱本身没有任何价值，其价值在于我们可以利用手中的金钱换取我们需要的其他东西。这一点至关重要，因为很多人并不知道他们究竟需要有多少钱才能做自己想要做的事情。为了换取他们想要的生活，他们往往过高或过低地估计了金钱的价值。

根据有关科学研究的结果，为了财富而追求财富不会给你带来多少好处。一定数量的财富能够为你带来幸福，随着财富数量的增长，你的幸福指数也在不断上升；然而，当你所拥有的财富超出了某个界限，金钱与生活满意度之间的关联便不复存在。正因为如此，我们才应当把金钱看作追求自己想要的事物的一种工具，而不是我们追求的目标本身。

你不需要在自己和他人之间作出选择

要想逃出牢笼，你必须作出艰难的抉择，但幸运的是，你不必在自己和他人之间进行抉择。你可以在追求自己理想的同时，让这个世界变得更加美好，让其他人也能够从中受益。事实上，你的目标正是找到这两者之间的共同点，然后去梦想、去实现。

在接下来的旅程中，你将会发现，我们所说的一切并非只关乎自己。即使我们不需要为了自己的雄心壮志向他人妥协，那种完全以自我为中心的人生仍然无法让我们感到真正的幸福。相反，**只有当我们通过积极的手段把自己的渴望与帮助他人结合起来时，我们的人生才会变得更有意义。**

改变世界未必总是切合实际

本书中的每一个观点都力求务实，避免空洞无物的说教。但是"要现实一点"有时候正是那些批评家们的口头禅，他们试图缩小你追求自由的选择。不要忘记，改变世界的做法未必总是切合实际的。纵观人类历史，那些在科学、人文和艺术领域作出重大改变的人往往会被指责"不切实际"。人们曾经认为追求男女平等的想法是不切实际的，废除奴隶制度的想法是不切实际的，感化而不是惩罚罪犯的想法等，都是不切实际的。

同理，你所作出的选择也可能遭遇类似的情况。比起和其他猴子循规蹈矩地困在一起，打破牢笼显然更加困难，但至少你可以作出这样的选择。

规划未来不等于就要牺牲现在

"先苦后甜"的观念或为了将来而牺牲现在的做法既可以让你储蓄养老，也可以成为你逃避人生的借口。如果未来对你来说只是一种遥不可及的幻想，那么你完全可以把"人生绝不会仅此而已"的想法抛诸脑后了。

未雨绸缪并没有什么错误，但人生不是从 65 岁才开始的。换句话说，规划未来固然很好，但不必因此影响你现在作出的每一个决定。在进行展开论述之前，最后还有一点需要提醒你注意，那就是时间是有限的。

人生苦短，该醒醒了

不要把时间浪费在看似掌控人生的无谓行动之上。一般来说，做总比不做要好。虽然有时候事实并非如此——如果你想要为了几个甜甜圈而抢银行的话，那么你最好还是三思而后行，但是一般情况下，人们总是会因为自己没有去做某事而感到遗憾。

同样的道理，大多数人往往要在走到人生的尽头时，才会想到为自己的人生留下点什么。如果你有幸处在人生的初期，那么不妨现在就开始考虑，你打算为后人留下些什么，然后怀着这种憧憬构建自己的人生。

如果你还不知道应该从何处入手，最好的办法是首先反思一下自己的动机。是什么给了你力量？你为什么要拿起这本书？我要说的是，如果这种思维方式对你来说闻所未闻，不要担心，因为在接下来的旅程中，我们会采用各种不同的方式对此进行探讨。

有这样一个古老的传说。有一位巫医因为擅长医治失眠而声名远播。一天，一个整日忙于公务而无法入睡的人来到密林深处找到了他。这位巫医答应帮忙，并且告诉他该怎样去做。两周以后，这个人寄信过来说他的失眠症已经治好了。“真是太感谢你了！我睡得很沉呢！”字条上这样写着。巫医回信说道：“不用谢。当你准备醒来的时候再来找我。”

切记，我们在此共同探讨的目的，是为了改变你对人生和工作的看法。如果你曾经像个梦游者一样生活，那么现在就是你觉醒的时刻。让我们出发吧！

你生活同世界上的其他人是密不可分的

不要幻想彩票中奖

辞去工作，骑自行车环游美国

玛格丽特鸡尾酒和舒适安逸的生活，享受三天就足够了

生命清单、理想世界、目标设定和意外之喜

第 1 站

梦想乐土：构建你的人生原则

在这个世界上，取得成功的人是那些努力寻找他们想要的机会的人，如果找不到机会，他们就去创造机会。（萧伯纳）

突然辞去工作，踏上环美之旅

在纽约，伯纳德·洛佩兹在某个舒适安逸的岗位上已经工作了八年。一天，他突然辞去工作，违反新公寓的租约，取出所有的退休储蓄存款，骑着自行车踏上了漫长的环美之旅。刚听说此事的时候，人们的反应都是："你疯了吗？"随后，他听到的最多的问题就是："你这样做是为了给慈善事业募捐吗？"

如果伯纳德回答"是"，大多数人都会点点头，因为这至少满足了部分的好奇心。这种解释即使人们不能完全理解，通常也可以勉强接受。在他们看来，伯纳德一反常态的原因是为了造福他人。然而，他之所以要骑车环美，既不是为了募集捐款，也不是为了哗众取宠。"不是的，"每当有人问起这个问题时，伯纳德都会这样回答，"我这样做是为了我自己。"

在经历了一连串的挫折之后，伯纳德开始萌生了骑自行车环美的念头。最近，他刚刚结束了自己长达七年的婚姻，与妻子痛苦地分手。随后，他的父亲也在一次事故中丧生。那一天，他独自走了很久，在对这些事情进行了认真的反思以后，伯纳德突然产生了这样一个念头："我应该抛开自己在纽约的生活，骑自行车环游美国。"

这个念头始终在他的脑海里挥之不去，于是伯纳德决定大胆一试。他把这个想法原原本本地告诉了公司和房东，然后借来一辆自行车便出发了。至于这次漫长的旅程结束之后会发生什么事情，他自己也不清楚。虽然一开始路上并不顺利，但没过多久他就形成了规律，白天骑车，晚上找地方住宿。

这次旅程结束以后，伯纳德的心中产生了一种所向披靡、豁然开朗的感觉。随后，他搬到了芝加哥，并且开创了新的事业。每到夏季，他都会再次踏上自己的征程。毫不夸张地说，伯纳德告诉自己网上刊物的读者，这次自行车环美之旅“永远改变了我的人生，最大限度地发挥了我的潜能，让我认识到了真正的自己。”[①]

追寻生命的意义，还是活着的体验

在本书的整个旅程中，我们都会探讨这样一些话题，你的人生是如何与他人息息相关，为什么其中一些人的生活会有赖于你，你怎样才能改善世界上其他人的生活。不过，在接下来的几页里，我们暂时不会涉及上述内容，因为我们首先将要谈到的重点是关于你个人目标和欲望的话题。

我不但认为我们应该帮助他人，也丝毫不怀疑冷酷无情的个人主义。在我看来，我们年轻时疯狂的梦想和远大的志向并不只是一种幻想。当然不是。这些事情说到底并不是只为你自己，不过，从另一方面来说，做一些完全出于个人考虑的事情也无可厚非。

人生一大乐事，就是去做人们认为你不能做的事情。（沃尔特·白芝浩）

就个人而言，我喜欢一边听音乐一边独自长跑，同时还可以思考我的工作和计划。我喜欢独自前往世界各地，在事先没有任何准备和任务的情况下来到一个陌生的城市。也许有人会说这是一种以自我为中心的做法，但我觉得答案应该更加复杂——如果不能从真正的自我身上汲取力量，我就无法为他人作出任何贡献。

你的梦想和希望只属于你自己，因此你没有必要为此向其他任何人表示歉意或作出解释。如果你清楚地知道自己内心渴望的东西是什么，那就太好了，因为你已经完成了一半。不过对于我们大多数人来说，在面对这个问题时都需要进行一番认真思索。现在，我会帮助你弄清这个问题。

① 有关伯纳德自行车环美之旅的详情，可登录BicycleTrek.com。

因为我们往往需要一段时间才能真正弄清这个问题，我想从一开始就表明自己的态度。实际上，大多数人并不想要在沙滩上安逸舒适地度过自己的余生。对于这种生活，有些人过不了几天就感到厌倦了，而另一些人也许会享受几个星期或者几个月。在日常生活中或是在从事传统意义上的工作时，我们总是禁不住会想："难道这就是人生的全部吗？"同样的道理，当我们在沙滩上享受日光浴和玛格丽特鸡尾酒的时候，用不了多久，我们就会反问自己同样的问题——自己梦想的乐土究竟在何方？

有一次，我来到了市里一个陌生的地方。就在我经过加油站的时候，无意间看到上面的彩票广告。那一刻，我的脑海里突然闪过了这样一个念头：买一张彩票，做做发财梦，难道这不是很有意思吗？不过，我很快就清醒了过来，因为我已经拥有了自己想要的生活，并且认为自己的幸福指数和满意度可以达到90%。我当然想要让自己更进一步，但我明白仅仅一张彩票（即使是一张中了大奖的彩票）并不会让我达到自己的目标。

我们当中的许多人都经常幻想自己中了彩票。这一点固然无可厚非，但我们还应当有更好的选择。这个选择就是为自己制作一张中奖彩票，但这张彩票不是依靠大量财富的骤然积聚，而是依靠逐渐认清自己人生最需要的究竟是什么。我想要说的是，创造自己的人生与中大奖不太一样，但其结果却更胜一筹。

实际上，让大多数人孜孜以求的并不是舒适安逸的生活，而是不停探索与不断进取的人生。数年以前，神话学者约瑟夫·坎贝尔在谈及人生的意义时曾经写过这样一段话。"人们说，我们所追寻的是生命的意义，"他接着解释说，"然而我并不认为那是我们所追寻的东西。我们所追寻的是一种活着的体验。"

追寻活着的体验，也包括努力寻找自己在这个世界上的位置。在这个有着将近70亿人口的星球上，哪里才是最适合我们的地方？这才是人生最为核心和最为基本的问题，而想要回答这个问题，我们必须首先弄清自己最想要的是什么。

什么才是你真正想要的

我们不妨把这一过程称作“人生规划”，看看我们能够通过哪些切实可行的方法认清什么才是自己真正想要得到的东西（也有人将其称之为“人生设计”或者“自我发展”）。这有点像是婚礼筹划，只不过筹划的内容更加重要而已。当然，举行婚礼的日子意义重大，因此提前计划并没有错；但我想要说的是，我们的人生更加意义重大，因此更应该进行认真规划。

在进行人生规划之前，我们不得不提到这样一个可悲的事实：对于自己在一生当中究竟想要做些什么事情或者达到什么目的，大部分人都说不清楚。他们不是朝着某一个目标迈进，而是由于缺少明确的方向和目的，让自己的人生变得浑浑噩噩、漫无边际。

然而这不全是他们的错。我们的整个教育体系并没有花费太多精力引导年轻学子思索这个问题。标准化的应试教育对我们的能力和学识进行的评估也往往侧重于对未来职业的设计，而不是对整个人生的规划。

既然许多成年人都不清楚自己究竟想要做什么，就更不用说教导他们的孩子去叩问心灵了。在他们看来，精神领袖虽然会对诸如人类起源和道德伦理等方面的问题给出深奥的解答，但对于我们应当如何度过自己的每一天却少有帮助。这种观念周而复始，在一代又一代人当中相继流传。

然而实际上，即使没有人教育我们对自己真正想要得到的东西进行反思，我们也应该学会为自己负责。如果不能意识到这一点，我们就会深受其害，继续自己庸庸碌碌的生活，从而无法让自己有所成就。为了打破这种梦游人生的模式，我们必须对自己真正想要的东西进行界定，并且努力让自己梦想成真。

说到这里，我还记得几年前自己曾经读过芭芭拉·谢尔的著作《梦想成真术》（*Wishcraft*）。一开始，文中有一句话就引起了我的共鸣：**“不论你的梦想是什么，从现在开始，一定要极为认真地去对待。”**当时，

我正在对自己的人生进行深刻的反思。我意识到，虽然自己做了不少很有意思的事情，但并没有认真对待自己的梦想。于是，我下定决心要做到这一点，而我的人生也随之发生了翻天覆地的变化。

下面列出的几种方法可以帮助你认清你最想从自己的人生中得到些什么。你既可以按照下列三种方法执行，也可以根据自己的经验进行修正，甚至采取完全不同的办法。

无论你选择哪一种方法，在开始着手之前，至少对自己将要做的事情有一个大致的概念。

构建自己的理想世界

这是一种典型的做法。你可以事无巨细地记录下来自己理想中最完美的一天是什么样子，从什么时候起床、早餐吃什么，到一天 24 小时都做些什么，同哪些人说话，记录得越详细越好。

接下来，你可以开始根据这份记录制订计划，并且调整自己的生活，从而最大限度接近自己理想中的一天。如果你能够认真对待，那么即使你没有根据已经掌握的信息作出太多改变，也会对自己产生更加深刻的认识。对于应该如何分配时间，以及应该重点去做哪些事情，你甚至可能作出更加清醒的决定。每年 12 月份我都会做一次这样的练习，这样总能帮助自己在次年订计划时做一些改进。[①]

这是一种规划人生的典型做法，如果在此之前你没有过多地考虑过自己究竟喜欢做什么，这种做法会对你有所帮助。不过，这种做法也存在两个明显的不足之处。如果不对这些缺陷进行弥补，那么即使你的人生已经发生了重大的改变，你仍然会感到困惑：“难道这就是人生的全部吗？”

第一个不足之处在于，这一切最终并非只与你自己有关。在构建了理想世界之后，你还会想要更进一步，因为大多数人并不希望每天

①有关详情请参考本书结尾附录中的“网络资料”部分，你可以从网上下载一份更加详细的列表和免费的MP3音频资料。

都待在城堡里，过着衣食无忧却无所事事的生活。他们希望能够发挥聪明才智，做一些有意义的事情。关于这一点接下来我们还会谈到，这一部分我们主要讲你的个人目标，所以这里我们暂且不提。

第二个不足之处也是这本书通篇都会涉及的问题——如何让自己有所成就，过上不同寻常的人生。对于这一点，构建自己理想世界的做法恐怕很难有所帮助。你只是对自己想要从事的工作和活动等进行了界定，然而这些并没有包括你真正孜孜以求的东西。因此，要关注那些意义更加重大的、让你锲而不舍的事情，你还必须设定某种目标。在我看来，如果你认为某件事情值得去做，那么你就可能一直做下去，所以，在对自己的人生进行不拘常规的筹划时，我还会采取另一种方法——设定极端目标。

设定极端目标

当你开始认真对待什么才是你一生当中最想得到的东西这个问题时，构建自己的理想世界会有助于你对此建立起一个大致的框架。但是，如果你想要对这个框架进行补充，还需要一个核心，因此我把这个过程称之为"设定极端目标"。在设定"极端人生目标"时，你可以从列出"生命清单"（life list）开始，看看在什么时候想做什么事情。所谓"生命清单"，也叫"遗愿清单"，是指你在有生之年想要完成的每一件事情。

这种清单有着不计其数的列举方法。有的清单包括 100 项内容，有的只有 30 项，还有一些清单的项目被定为奇数项。你可以在网上搜索"生命清单"，参考一下其他人的做法。但是，不要拘泥于别人的列举方式，要努力形成自己的想法。

也许你还从来都没有列过这样的清单，其实这是一种能让你开阔眼界的有趣做法。你可以花上一个下午甚至短短的半个小时，把想要在某个时间里从事的活动和体验的经历逐条记录下来。如果你不知道从何入手，我这里有一个办法：在脑海中想象着自己的人生在加速运转，直到很久以后（这个时间越久越好）——你的大限将至。在你辞世之前，你希望自己的人生留下哪些回忆？你会因为没有去做哪些事情而感到后悔？在这种情况下，你脑海里浮现出来的那些念头就是列举生命清单的最佳选项。

一般来说，生命清单的内容包罗万象，从微不足道的小事（如“品尝100种水果”）到困难重重的壮举（如“到南极洲露营”）。这样应有尽有的清单当然很好，因为这份清单不属于别人，而只属于你。但问题在于，如果你的选项过于庞杂，整个清单就会因为缺乏条理而变得含混不清。在某一个具体的时间段内，你列举的重点是什么？你是否想过要品尝各种各样的水果，或者为自己到南极洲露营购买一个睡袋？有鉴于此，为了让这些想法变得条理分明，我会把整个清单分为几个部分，每一个部分都包含了可以衡量的目标和大致的完成时间。

> **一年目标**：在一年当中，我会反复检视这份清单，然后在每年12月份制订次年的目标计划。此外，我还进一步将目标细分为特定类别，其中包括：写作、健康、业务、朋友、家人、志愿服务、旅行、赚钱和捐赠。
>
> **五年目标**：这份清单可以每年检查一次，列出我希望在近几年内完成的“大事”。需要注意的是，如果有些目标已经在一年计划中完成，五年计划中的相关项目则要做相应的增减。
>
> **终生目标**：这份清单也应该每年进行一次检查，列出我想要做的每一件事情，但这些事情没有具体的时间限制，或者通常需要很长时间才能完成。

此外，一定要在终生目标的清单里列上一些真正重大的想法。有一个很有意思的现象，那就是一旦我们开始认真着手对其进行筹划，我们就能够比自己预想的时间更早实现这一目标。这是因为人们往往会对自己在一天之内能够完成的事情作出过高的估计，却又对自己在较长一段时间内能够完成的事情作出过低的估计。

制订充满弹性的计划

我经常会突然接到许多项目，而我也喜欢享受这种统筹兼顾的过程。对于我来说，如果一次只能做一件事情，而不能同时处理一堆事情，我就会觉得不快乐。但需要声明的是，对于突如其来的主意，我同样乐于接纳。这一点我们会放在下文中详谈，现在我想说的是，许多人都对我能够做“这么多事情”而感到非常讶异。

我并不赞成世界上所有的人都整齐划一，但是在这里，我可以向你透露几条适用于我们多数人的秘诀。

友情提议：可以考虑的计划 & 可排除在外的计划

当然，这里轮不到我来告诉你应该制订什么样的目标，因为这是你的人生，你要为自己设立规则。但我希望你能够从一开始就为自己制订某些原则，而以下建议也仅供你参考。

可以考虑的计划

★ 尽可能多地与你爱的人在一起

★ 要为自己留出思考和制订计划的时间

★ 从事有趣的、充实的、富有挑战性的工作

★ 实现财务自由（详见本书第 7 站内容）

★ 从事一些“探险”活动，比如攀登乞力马扎罗山或者到尼泊尔跋山涉水

★ 根据自己的喜好，制订一些旅行目标（详见本书第 9 站内容）

★ 做一些其他人“不能理解”但对你来说却很有意义的事情

可排除在外的计划

★ 哗众取宠或者满腹牢骚抱怨他人

★ 从事忙碌却没有真正价值的工作

★ 按照他人制订的计划行事

★ 出于愧疚做自己不需要做的事情

实际上，人们往往并不像自己想象的那样，事事都能按照原则处理。对于大多数人来说，我们只不过构建了一个大体框架，然后任凭自己即兴发挥。即使我们认真对待自己的目标并且为之努力付出，只有当我们从一开始就设定一个良好的框架时，我们的行动才能真正做到有章可循。

就个人而言，最让我感到愉快的经历经常发生在我没有事先制订详细计划的日子里。我曾经在没有地图和语言不通的情况下，在世界各国的几十个城市逗留数日。我曾经漫无目的地在赞比亚和法罗群岛欣赏日落。几乎每一次经历这种事情时，我都会自言自语："人生真美好。能够活着，我由衷地表示感激。"

这些经历不见得就是奇特的事件或者意外的惊喜。每隔一段时间，我就会宅在家里睡睡懒觉，下午外出喝喝咖啡、打打游戏或突发奇想，做一些完全不同的事情。

此外，你还可以这样想：从长期来看，我希望自己能够集中精力完成自己的目标、构建自己的理想世界，尽力帮助他人；而从短期来看，我必须按部就班才能确保上述目标的实现。但这并不等于一切都保持一成不变，只要我愿意，随时都可以改变计划。也就是说，这是一种目标明确而又充满弹性的做法。

有些人会说，他们不喜欢设定目标，而宁愿让一切都顺其自然。对于这些人，我的建议是，"不妨试试看。"如果你真的试着为自己设立了某个目标，那么你会发现自己其实能够完成很多事情。不过不用担心，因为在制订计划的同时，你仍然可以保持率性和灵活。总之，当你为了真正想要得到的东西而努力付出时，你反而会有更多时间和精力去做那些你喜欢的有意思的事情。

还不清楚该做什么？不妨从帮助他人开始

只要你所渴望的东西不会危及他人，你就不需要为了追求美好梦想和远大志向而向他人表示道歉。你之所以会渴望得到这些东西，完全有自己的理由。当你认真考虑过自己究竟想要从人生当中得到什么之后，接下来你就会转而思索如何才能为其他人创造一个更加美好的世界。其原因在于，当你可以做自己想要做的任何事情时，就不会仅仅满足于只围绕着自己旋转的人生。

这种想法往往是在事后才会产生。我曾经参加过不少企业家举行的研讨会，而他们演讲的模式大都如出一辙：在长达一个小时的演说中，前 55 分钟讲的是怎样致富，而在最后 5 分钟的时间里，他们会提醒大家“一定要回报社会”。

“这才是意义之所在。”当大屏幕上一张接一张地闪过演讲者在世界另一端的孤儿院里拍摄的照片时，他们通常会这样说。在听完人们滔滔不绝地谈论财富以后，每到这个瞬间，我都会不由自主地心生感慨。这一刻意味着，我们已经意识到人生的意义除了演讲者侃侃而谈的致富主题之外，还有很多。

因此，在制订人生规划时，为了避免在事后感到懊悔，你不妨从现在就开始思考，怎样才能从真正意义上改变世界。下面几个问题也许会对你有所帮助：

★ 你可以满足他人的哪些需求？

★ 谁仰赖你并视你为领袖？

★ 这个世界上什么问题始终困扰着你？

★ 你将怎样让世界更美好？

★ 你能为这个世界作出哪些特殊的贡献？

你现在就可以认真对待这些问题，为周围的人们作出积极的改变，无需彷徨等待。大体上，如果你还不清楚自己到底该做些什么，那就不妨先抽出一些时间来帮助他人吧，不要等到事后再去弥补。从今天开始就围绕着对改变的不懈追求去塑造自己的人生。

主宰世界：如何实现你的梦想人生

当你按照自己独特的方式将你对渴望事物的追求与帮助他人结合起来时，我将其称之为“主宰世界”，因为你不仅让自己的人生充满冒险，也致力于为后人留下一些值得纪念的东西，从而让这个世界发生根本的改变。没有什么比这个目标更值得你去设定和追求了。

在你将计划付诸实践，制定生命清单，完成其他目标从而让这个世界变得更加美好时，下面几条原则会帮助你实现梦想：

完成某件事情的办法往往不止一种。如果你在 18 岁的时候刚好是像普通人一样进入了大学，你很快就会了解他人期望自己遵循的模式和应有的举止。在大学里，每个学期你都要开几门新课；你需要选择一门主修专业；你需要按部就班地度过几年的时间，才能顺利参加毕业典礼。

接下来，你找到了第一份“真正的工作”。首先，你要经过实习期，然后逐渐过渡到某个中间地带，也就是大部分人所处的位置。其中一些人还可能走向更高级的职务（合伙人、总监、终身教授等），但前提是他们已经在中间地带待了很长一段时间。当然，不同行业的具体要求和工作岗位有所差异，但几乎所有部门都会遵循一个相同的模式——学徒、新手、中层和决策者。

在这个过程中的每一个阶段，都存在着一条捷径或者另一种选择，可以让你跳过其他人花了很多年才完成的步骤。这种选择（在本书中我们称之为“非传统的选择”）不仅更加有效，而且往往更加高效。

当你面临充足和稀有的选择时，不妨选择充足。在面临这个选择时，我们大多数人都会不假思索地选择那些稀有的东西。这种习惯根深蒂固，然而一旦破除，你就能够从中获益匪浅。因为物以稀为贵的前提必然是囤积居奇，而丰富多彩的前提则是相互分享。关于这一点，我们会在本书第 8 站中进行详细讨论。一言以蔽之，如果我们选择了充足，就意味着没有把这个世界看做一场零和博弈的竞赛。当你赢得了胜利，不等于他人一定会输，反之亦然。

如果你不知道自己该不该大胆一试，那就试试看吧。如果在某件事情上花费的时间太少，你不免会为此感到后悔，所以遇到新鲜事物时不妨大胆尝试，用不着总是担心自己精力不足。既然你做的是自己喜欢的事情，你又怎么会感到疲倦呢？如果说这里真的有什么值得担心的话，那就是假如你出于种种顾虑而没能作出自己想要作出的决定，将来说不定会追悔莫及。

你不一定要有聪明的头脑，但一定要有坚定的信念。要想主宰自己的世界，或者完成你想要做的任何事情，聪明才智并不是先决条件。事实上，在有些情况下，精明过人只会适得其反，因为他们常常喜欢把简单的事情复杂化。但是，你必须要有坚定的信念。这是因为我们生活在一个循规蹈矩的世界里，想要我行我素极为困难。如果你总是害怕遭到他人的冷嘲热讽，或者无法专心致志地从事自己喜欢的事情，那么你就很有可能半途而废。

你可以拥有无限的梦想和目标，但孰先孰后必须作出选择。几乎每次出国旅行时，我都会遇见不少与我有着相同爱好的人。他们经常会对我说："哇！要是我也能做到就好了。"

事情是这样的。我知道有许多人不可能像我一样经常出国旅行。我曾经在世界上最贫穷的一些国家居住了四年之久，而且结识了许多这样的人。但是，现在与我交往的这些人里，包括这本书的大部分读者，恐怕并不属于我这种类型。许多人在与我交谈的时候表示，他们"希望"能够做点什么，但却力不从心，其原因在于一系列的选择阻碍了他们去实现自己的梦想。在考虑孰先孰后时，他们往往把其他一些事情排在了自己周游世界的愿望之前。

我还注意到，他们当中的一些人对于行为有异于常规的人似乎心怀怨恨。当我主动提出要帮助一位朋友实现欧洲之行的愿望时，她非常热切地接受了，但却又说："你知道，不是每个人都能像你这样一走了之去周游世界的。"我一笑置之，继续对她进行帮助，但她的无心之言却始终在我心头挥之不去。后来，当我回想起这件事情时，我意识到这种说法实际上隐含着某种嫉妒心理。我的这位朋友每年收入超过 8 万美元，应该说无论想去哪里都不成问题，然而这个愿望对她来说显然不是最优先的事情。

如果你更多地开始按照自己的意愿作出选择，你就会经常遇到上述情况。很多人会对改变和不同的想法感到十分不安，当他们发现有人作出了与自己不同的选择时，他们就会加倍努力，以证明自己的选择才是合乎情理的。我并不是认为把办公室工作和装修房屋作为自己的头等大事有什么不好，但我想要指出，正是他们自己把有些愿望放在了这些事情的后面。

一旦步入正轨，成长的脚步将不断大踏步前进。对于小本生意来说，恐怕要经过相当长的一段时间才能够每月赚到 1 000 美元。我还记得当我的月收入第一次达到这个标准时，简直欣喜若狂。为了能赚到这 1 000 美元，我曾经连续数周夜以继日地辛苦工作。因此，在创业之初，对这些数字你最好还是不要考虑得太多。

但是，如果你想让自己的月收入从 1 000 美元增长到 5 000 美元，你需要付出的努力并不等于此前的五倍，而只需要两倍就够了。其中的原因也许很少有人能够明白。换句话说，如果你能够设法赚到 1 000 美元，那么你通常也就能够设法赚到 5 000 美元。

这个道理同样适用于改变一个人的生活习惯。在你认识的熟人里面，有没有人原本喜欢长期伏案，而转眼之间却变得生龙活虎？有没有人去年还大腹便便、抽烟酗酒，而今年却一改往日，不仅戒烟节食，而且热衷于健身运动？

当我们看到这些人的时候，常常会心生感慨，"这真是太神奇了！"从个人的角度来说，这的确令人感到惊奇。但最令人感到惊奇的部分是他们迈出的第一步。当他们下定决心作出改变以后，不知从什么时候起，发展的势头就会变得越来越强劲，让你很难止步不前。就像参加马拉松赛跑的选手一样，这股势头会让你加速跑完全程。它可以帮助你不断提升人生的质量，但是，首先你必须认清自己最想得到的是什么，究竟要朝着哪个方向前进。

决定固然重要，坚守却更加重要

从蜗居在斗室之中的小职员到骑自行车环美的运动员，伯纳德·洛佩兹将自己思想的转变归功于"必然作出的决定"。他的一边是平淡普通的生活，另一边是充满未知的冒险。在离开纽约的几天前，一位朋友借给伯纳德50美元，让他在临行前添置一些必备物品。伯纳德来到一家自行车专卖店，用这笔钱买了一个指南针。虽然他生平从未使用过指南针，但他知道，这个东西一定会派上用场。

> 有时候，一个小小的抉择就可以改变你的一生。（凯丽·拉塞尔）

那天下午，伯纳德的心里曾经掠过一丝犹疑，因为他不仅不知道该如何使用指南针，也不知道它会在什么时候派上用场。想到这里，他不禁哑然失笑。对于即将踏上的旅程，他实在知之甚少，但他还是继续打点行装准备出发。为什么不呢？他已经走出了太远，根本不可能再回到自己原来的生活轨道。

我们可以选择活得轻松一些，但对于大多数人而言，这种做法却无法让我们感到充实。就像骑车环游的伯纳德一样，我们每个人都面临着一个"必然作出的决定"。职业画家博·巴特利特曾经花了20年的时间免费作画，后来他的每幅作品价值5万美元。他曾经这样说："最重要的不是你所作出的决定，而是你能够在多大程度上坚守自己的抉择。"

如果你已经下定决心坚持到底，那么胜利就在你的眼前。你可以创造自己想要的人生，你可以让这个世界变得更加美好，你甚至可以两者兼得。而你所要做的就是积极准备和努力付出。

对你来说什么才是最重要的事情？你将如何主宰自己的世界？最为重要的是，你将如何打破常规，从而创造自己的非凡人生？

请记住

★ 如果你想要主宰自己的世界，做自己想要做的事情，首先必须认清人生当中你最想要得到的是什么。

★ 当你开始认真对待自己的理想时，你实现这一目标的时间要远比最初预想得早。

★ 这一切最终不只是关于你自己。大多数人都希望自己的人生能够为他人带来积极的影响。

★ 当你开始从事自己最想做的事情时，不是所有人都能够对此表示理解。不过这没有关系。

编织你自己的网，
然后勇敢往下跳

下次去华沙时，一定要记得买一张返程机票

“这辆汽车不会把我的人生带到我想要去的地方”

从匹兹堡到马尼拉的垃圾堆

2008 年的公寓大水灾

无所畏惧只会出现在神话里

第 2 站

决心之崖：恐惧，拿什么来打败你

所谓勇敢，并不意味着无所畏惧。无所畏惧其实是一种心理疾病。(波 · 布朗森)

只身从匹兹堡前往菲律宾工作，她不害怕吗

几年前，住在匹兹堡的斯隆·布伦特还是“一个戴着厚厚的眼镜、土里土气的女孩”，现如今，她正站在菲律宾街头一个高高的垃圾堆上。斯隆经常往返于世界各地，迄今为止，她已经去过美国40个州和全球30个国家，但这一次却完全不同。现在，她正在马尼拉观察专职环卫人员是如何在这座偌大的城市里一点一点清运垃圾的。

作为Kiva[①]小额贷款机构的成员，斯隆这次专程来到马尼拉。她想亲自到这里听一听、看一看，然后在力所能及的范围内提供帮助。斯隆曾经签下了一份为期四个月的义务合约，这不能不说是一个非常重大的决定。在离开匹兹堡长途跋涉来到亚洲之前，斯隆既感到异常兴奋，又觉得十分紧张。

> 生命之中的最大错误在于：终日担心犯错误。（艾尔伯特·哈伯德）

在此之前，斯隆曾经作出了许多不同常人的勇敢抉择。在成为Kiva组织的志愿者之前，她凭借自己的努力在25岁时就成了公司管理人员，并且在全职工作期间拿到了工商管理硕士学位。随后，她又离开匹兹堡，前往洛杉矶创办了一家慈善机构。正是这些经历促成了她这一次作出的决定。在此期间，经常有家人、朋友和一些旁观者问斯隆，一次又一次地尝试新事物，她为什么就不害怕？作为一个外行，只身前往亚洲，在马尼拉的垃圾堆上工作，难道她就不害怕吗？

关于恐惧，斯隆作出了如下回应：

---

① Kiva是全球小额贷款机构中的佼佼者。关于Kiva的详细情况，可登录Kiva.org。

“每一天我都会感到害怕。我害怕人们不理解我这样做的原因。我害怕自己总是天南海北、居无定所，将来会没有机会安顿下来，组建自己的家庭。我害怕万一自己所爱的人发生什么意外，我却不能在他们最需要我的时候和他们待在一起。

“但问题的关键在于，我意识到这些恐惧其实是一种正常的心理。假如在作出如此重大的决定之前，我丝毫没有感到精神紧张，那么这种选择肯定是不对的。实际上，恐惧不仅是力量的另一种表现形式，也是一种强大的动力，因此我才能将其转化成积极的东西。当你开始感到害怕时，你的精神就会变得高度紧张。这样一来，我就可以利用这种恐惧心理来锻炼自己的直觉感知能力。我所到过的国家和经历的情形对于待在国内的许多人来说的确很难令人适应，但坏事却并没有发生。为什么？因为我作出了明智的决定，而且我利用了自己敏锐的直觉。我相信，只有到真正需要担心的时候，我才会感到害怕。”

我很欣赏斯隆的这段话。当自行车运动员兰斯·阿姆斯特朗在比利牛斯山间急驰而过时，当超级马拉松选手迪恩·卡纳泽斯作为个人参赛者在200英里（约320公里）的接力赛上的惊人表现时，当游泳健将迈克尔·菲尔普斯一次又一次地打破世界纪录时，我都为他们感到欢欣鼓舞。但问题是，有时候你很难把自己与这些人联系起来。有一次，我在乘飞机外出时，航班上的一名空服人员告诉我她在飞机上见过布拉德·皮特。当时，他带着私人助理坐在后一排，两个私人保镖就一左一右坐在他的两侧。每当布拉德·皮特需要说话时，这位助理就会代替他作答；而每当布拉德·皮特需要用餐时，她就会取出自己的餐具先尝一下。

“他人真好！”这名服务员后来告诉我说，“他看起来其实就像一个普通人。”这句话很有意思，因为其中不无讽刺——布拉德·皮特可能真的很好，但是，在我认识的所有普通人里，谁也不会在旅行的时候随身带着两个私人保镖和一个需要替自己试尝食物安全的助理。

对于我们大多数人来说，当有人在出行时总是前呼后拥，或者能够独自跑完200英里的接力赛，我们就会不由自主地把自己的生活与他们进行比较，然后在内心不停地挣扎。

如果说世界上真的有人什么都不害怕，只能说我还从来没有见到过。当我听说斯隆的故事以后，我想问的第一个问题就是："她怎么会离开匹兹堡去菲律宾呢？"也就是说，她是怎样克服常人难以克服的困难，从而作出了如此勇敢的选择？从这个故事里我们可以看出，并不是因为斯隆无所畏惧，而是因为她找到了一种接受自己恐惧的方法，并且选择去做那些对自己来说更加重要的事情。

> 永远去做你害怕做的事。（爱默生）

当你作出有悖常规的选择时，在前进的路上你就会碰到形形色色对你心怀怨恨的人。如果你能够做好准备、勇于面对，你就能够经受得住其他人的冷嘲热讽，同时心无旁骛、全神贯注地做自己想要做的事情。

尽管如此，我还是要提前告诫你：对于大多数人来说，正是我们的恐惧心理和不安全感为自己筑起了一道难以逾越的墙。因此，在你担心其他人怎么看待你之前，最好先理清这些问题的头绪。如果你已经克服了这种心理，并且准备好为改变而竭尽全力，那么你完全可以跳过本站内容，进入下一站。反之，如果你就像这个世界上的大多数人一样，下面的内容将对你大有裨益。

为什么我们总会有莫名的恐惧

当你说不清楚自己为什么会顾虑重重时，恐惧感就会油然而生，仿佛有一个声音一直在你的脑海里回响：你不够好，你无法成就大事，你也许会半途而废，就此停止出人头地的想法。其中隐含的意思就是，"你以为你是谁？"

我们经常会想象有人这样质问自己，也许是一个曾经伤害过自己的人，也许是你身边的一个讨厌鬼。他们的声音并非与我们毫无关联，遭到他人冷遇和侮辱不可避免地会在我们身上产生一定作用，但我们绝不应当让自己的不安全感去催生甚至夸大他们的影响。其实，我们面临的最大挑战往往来自于内心，这才是我们首先应当处理的问题。

当我们认为自己缺乏安全感时，通常萦绕心头的有三种恐惧心理：对失败的恐惧，对成功的恐惧和对改变的恐惧，其中最严重的就是对改变本身的恐惧。我们深知，一旦迈开了步伐，无论将来发生什么，我们的生活都极有可能会产生巨大的改变。因此，对于大多数人而言，能迈出第一步就相当了不起了。

在其他一切不变的情况下，人们一般都会抗拒改变，除非维持原状带来的痛苦超出了作出改变引起的不适。这就是为什么在有些企业当中，虽然部分员工不能胜任工作或者甚至对公司心怀敌意，但是却仍然能够在其工作岗位上长期存在的缘故。经理明明知道这些人非常糟糕，却又不愿意花非人力物力对其进行替换。同样的道理，有时候人们宁愿对不仅毫无价值而且还会对自己造成伤害的处境逆来顺受：从只会榨干自己精力的工作到各种障碍重重的关系。要想打破这种恶性循环，就要让对未知情况的恐惧心理小于对接受现状的厌恶情绪，因此我们通常可以采取以下两种做法：

★ 增加维持现状引起的痛苦；

★ 减少作出改变带来的恐惧。

有时候，我们很难在这两者之间作出选择。下面不妨一起来看看我称之为“分水岭”的一个事例，至于我为什么会这样比喻，读完这个故事以后，你就会恍然大悟。

突如其来的“公寓水灾”，终就促成一次改变

我喜欢旅行，有些人觉得这会给自己带来不少压力和麻烦，但我

从不介意。尽管经常会遭遇姗姗来迟的航班、愚蠢的安检措施或者漫长的汽车之旅，大部分时候我都能够乐观以对。但如果真的让我搬到另外一个地方去住，我可是恨透了。对于整个搬家过程，从头至尾我都感到十分厌恶。我会为自己有那么多东西而感到惭愧，而且我一点儿也不喜欢打包。我既担心自己会丢三落四，又不想要随身携带一大堆东西。到了搬家的那一天，我的同情心会降低到人类最低的进化程度：一股脑儿地把所有的箱子全都塞给 U-Haul 搬家公司。

几年前的一个 12 月份，朱莉和我度假结束返回家中时，发现公寓里面全都是水，原来是邻居家的水管崩了。因为事情发生在假期，所以过了很长时间才有人发现。当我们都不在时，已经有紧急修理人员设法进入我们的房屋，把卧室的床拆开，我们的衣物、房间里所有的东西连同一堆木板都被抬进了客厅。卧室里的地毯也被揭了起来，一直到玄关，只露出光秃秃的水泥地面。地面上到处散落着横七竖八的钉子，就等着有人往上踩了。

一开始，我感到非常气愤，但仍然尽量克制自己的情绪，并且告诉自己这只是一次意外，而且负责维修房屋的人也算尽职尽责。于是，我们在客厅搭了一个帐篷，本以为只要一两天就可以完工了。可是后来，他们的工期从一两天变成了一个星期，又从一个星期变成了两个星期，最后一直拖了整整一个月都还没有修好。在这段时间里，朱莉和我只能睡在客厅的床垫上，而且，为了努力保持乐观，我们还戏谑地把自己的这次经历称为“都市露营”。

在这段露营期间，我学到了一条重要的教训：对于一项建筑工程来说，涉及的保险公司越多，愿意承担责任的人反而越少。每一个前来与我们接洽的公司代表都认为这些损失不是我们造成的，但是一谈到维修期间朱莉和我的住宿问题，谁也不愿意出一分钱。

就这样，一周又一周过去了，我夹在两种自己都不想要的选择之间左右为难。在客厅里睡觉并不好玩，更何况在我们大谈特谈自己的人生规划时，从早到晚都有修理人员在旁边走动。虽然我讨厌搬家，但经历了 10 天仍旧没有多大进展的日子后，我终于不得不开始考虑作出改变。在这座公寓里，朱莉和我一起度过了两年的幸福时光，但眼前这种情况已经让我们感到忍无可忍了。

后来我又出了一趟远门，直到夜里 11 点时朱莉打来电话，告诉我家里停水了。于是，我立即打电话给房东和维修负责人，在经过一番激烈的争执之后，我们仍然不清楚究竟发生了什么事情。自来水也许要等到明天，也许要等到两周以后。谁知道呢？这其中所隐含的意思是：虽然在这之前，公寓不尽如人意，但至少我们还可以睡在客厅里的床垫上，我们本应该知足才对。

然而，这次的停水事件却把我推向了边缘。“都市露营”也好，敷衍塞责的保险公司也罢，我都可以勉强凑合，但是，如果让我们一直窝在客厅里，还要忍受不知道自来水何时会来的命运，我可就再也凑合不下去了。此时此刻，维持现状造成的痛苦显然超出了作出改变引起的不适，所以我下定决心准备搬家。朱莉也对此表示赞同，于是我们就开始为自己物色新居了。

差不多三个星期之后，我们搬到了南部俄勒冈州波特兰市的一幢新房里，距离这里大约几个小时的车程。我们并没有打算到另外一座城市居住，更不用说搬到另外一个州。不过，由于朱莉和我的工作都十分灵活，搬到另一个州同搬到附近的城市并没有太大的差别。曾有一段时间，我们都对波特兰市十分感兴趣，所以，这次水淹公寓的不快事件反而演变成一次很好的机会。我很高兴我们作出了改变，但是，如果当时的状况只是令人感到烦恼而没有成为一场大灾难，这样的改变也就不会发生了。

你只是感兴趣，还是准备好竭尽全力

只有当我们的公寓被水淹了之后，我才不得不考虑搬家的可能。但在其他情况下，我们也许会有更多的选择。在大部分时间里，我都从事自由职业，所以我经常碰到一些人，他们希望知道怎样才能自主创业，或者走其他非传统的工作路线，从而更好地掌控自己的人生。

这些人来自各行各业，包括学生、工程师、记者、艺术家和投资经理——这些仅仅是一小部分而已。他们的共同之处在于，他们都对如何创造非传统的职业生涯很有兴趣，而他们的不同之处只是渴望改变的程度各自有异。有些人只是会感兴趣，把自主创业当做一种可能性来看，而另一些人却是竭尽全力地希望达到这个目标。换句话说，他们当中的有些人已经做好了面对未知和改变的准备，而另一些人却没有。

为了说明上述两者究竟有什么区别，下面我要讲两个故事。这两个故事并非出自我的杜撰,而是真人真事。可以说,这两个故事的模式,在日常生活中也屡见不鲜。

“这辆汽车不会把我的人生带到我想要去的地方”

一般来说，那些准备好要作出改变的人除了这种变化不再愿意考虑其他任何选择。他们想要摆脱眼前的困境，并且恨不得在一夜之间就作出改变。我就曾经遇到过这样一个人。他叫肖恩·欧格，只有 23 岁。一年多前，他开始从事自己的第一份工作——金融分析师。由于肖恩天资聪颖、勤奋好学，再加上天时地利，比起其他刚刚跨出大学校门只能进入初级岗位的毕业生，这份工作可谓得天独厚。

肖恩的收入要远远超过同龄人。不久以后，他为自己购置了一辆 2005 富士力狮高速跑车，这是他有生以来第一次花掉这样一大笔钱。只有一个问题：他恨透了这份工作。一天到晚，他只能窝在狭小的办公室里，目不转睛地盯着墙上的显示屏。肖恩心想，只要能够让他离开这里，不管去哪都行。于是，肖恩把剩余的存款取了出来，和一位朋友一起踏上了巴西之旅。正是这次旅行促使他作出了巨大的改变。在肖恩看来，无论巴西是个什么地方，都肯定要比自己的办公室强得多。“说句实话，”我们第一次见面时，他语气坚定地对我说，“只要能让我摆脱现在的处境，让我干什么都行。”

我们交谈了一会儿之后，我递给他一份长长的资料。“你有时间看一下这些内容吗？”我问道。

“开什么玩笑？”他回答，“我今天下午就开始看。要是有必要的话，就算熬到半夜我也要把它看完。”

走出咖啡馆以后，我们一起经过他的那辆富士力狮。“这车子不错。”我说。

“的确不错，”肖恩答道，“但我打算卖掉它。因为这辆汽车不会把我的人生带到我想要去的地方。”

肖恩的态度听起来非常坚决，我几乎就要相信他了。但是有一点，他之所以没有完全说服我，是因为我忽然想起了在此之前曾经听到过的一个故事。关于肖恩的事情我们待会再谈，接下来还是先来看看亚伦身上发生的事情吧。

“我真的很想做这个”，只是……

当朱莉和我在西非工作的时候，每年我们都会回国一次，顺便抽时间走亲访友。在这段时间里，我们还会在各种各样的场合发表演讲，好让公众了解我们在海外从事的工作，同时进行一些募捐。第一年回国时，当我们的最后一场演讲结束之后，从讲台后面走过来一个男人。他表示对这种志愿活动很感兴趣，并且希望能在晚上继续与我详谈。

说实话，我并不想在晚上与他见面，因为第二天一早朱莉和我就要飞往阿姆斯特丹，我们需要向家人道别，而当时我们还没收拾行李。但是亚伦[①]却表现得分外急切，这本身是一件好事，而且听起来他的语气也十分严肃。我看了看朱莉，只见她点了点头，于是我就答应了亚伦。

晚上 10 点半时，亚伦来到我这里。我和茱莉一边收拾行装，一边与他交谈了约有一个小时。我们向他讲述了有关非洲的一切，包括这个机构的工作是什么以及他能够提供哪些帮助。艾伦非常希望能够从事这项工作，并且问了我们许多颇有见地的问题。一个小时之后，

①在亚伦的故事中，人名和部分细节有所改动。

我们真的很需要为第二天的行程做准备了，所以我开始不停地看表。最后，亚伦终于明白了我的暗示。当我们互相告别时，亚伦说他会与我保持联系。

在返回西非之前，我和朱莉先是飞往欧洲，与我们的朋友团聚。随后，因为忙于工作，我很快就忘记了亚伦这个人，而他也从来没有再联系过我。一年以后，当我们回到美国进行演讲时，你猜怎么着？亚伦就坐在第一排。活动结束后，他略带腼腆地走到我的跟前。亚伦告诉我说，他本来想要跟我联系的，但后来发生了很多事情。其中一件就是，当时亚伦刚刚结识了一位女友，而且他觉得他们很有可能继续发展下去，所以推迟了计划。

不过，他又说，现在他们已经分手了，所以想要重新开始，并且希望能够再次与我见面详谈。这一次，我们一起来到一家咖啡馆，进行了 45 分钟的长谈。他问的问题大都与上次如出一辙，而我的回答也没有什么变化。“这里有一本小册子，这个是联系人，这些是注意事项，”我告诉艾伦，“你需要做的就是让自己走出来。”其间，艾伦反复声明，“我真的很想做这个”，只是神情之间始终流露出一丝犹豫。当我们道别时，他再次答应会尽快联系我。

接着又是一年过去了，我一直没有接到亚伦的电话。当我再次从非洲返回国内时，有一天又在这家咖啡馆里第三次遇见了艾伦。这次谈话的内容与前两次大同小异，而且此前也已经讲得十分清楚，只不过我的回答变得更加简短。在整个交谈的过程中，我忍不住想，这个人到底是怎么回事？对自己这么想做的事情，他却什么都不愿意付出。去年我们回国的时候，我最后一次碰见亚伦。当我听说他现在所做的事情还是最初的那份工作时，我丝毫不感到奇怪。

也许亚伦只是还没有做好准备，总有一天这个时机会到来的。然而，每一次在咖啡馆遇见他的时候，我都禁不住为他感到悲哀。我感到亚伦好像需要有人牵着他的手，并且代替他作出决定——但这种事情永远也不可能发生。

与亚伦相反的是，肖恩没有坐等时机来到自己身边。他信奉安迪·沃霍尔的忠告，“人们说时间会改变一切，但实际上能够作出改变的只有你自己。”在我们见面的一个月之后，我再次见到了肖恩。只见他的手里拿着一个文件夹，里面记满了备忘录、待办事项和种种问题。我问他的工作进展如何，他笑着对我说，“告诉你个好消息，我的处境比以前更加悲惨。”办公室里的工作非常紧张，为了能够到咖啡馆与我见面，他告诉老板说自己下午约了牙医。不过，从好的方面想，至少这几个小时他可以认真考虑一下自己即将出行的计划。

由于白天的工作令人痛苦，所以肖恩下定决心要作出改变。在接下来的六个月里，他一面拼命工作、偿还贷款，一面重新规划人生。肖恩与东南亚的一群网站设计师取得了联系，并且开始按照自己想要的自由方式构筑人生。他甚至为此卖掉了汽车。尽管这一切并不容易，肖恩还是做到了。

9 月 15 日，肖恩找到老板，用他自己的话来说，告诉老板自己准备在近期“解脱出来”。肖恩表示，如果能够在波特兰市以外某个遥远的地方工作，他愿意继续为公司效命。“心甘情愿地放弃一份大多数人都认为很好的工作，让我觉得既害怕又兴奋。”肖恩对我说。两个星期以后，他收到了老板的答复：“谢谢告知。不用了，谢谢。”于是肖恩坚守了自己的承诺，打好背包，拿起那台准备用来开创个人事业的笔记本电脑，然后踏上了前往泰国曼谷的冒险之旅。

战胜恐惧三部曲

畅销书作家保罗·柯艾略有句名言，**“当你想要某种东西时，整个宇宙会合力助你实现愿望。”**同样，你也许还听说过这样一句俗语，“车到山前必有路。”虽然我们当中的怀疑论者会很快指出，这只不过是一种一厢情愿的幻想，但我却觉得其中不乏真理的意味。即使你不相信上面的话也没有关系，因为在你准备迈步前行时，我们可以通过下面的办法减轻自己的恐惧心理，并增加成功的机会。形象地说，我们要编织起自己的网，然后再大胆跳下去，这个过程包括以下三个步骤。

步骤 1：直面恐惧之墙

要想克服恐惧，就要首先承认恐惧的存在。人们的恐惧心理和不安全感往往缺乏逻辑，因此如果你能够承认自己害怕，你就能够最大限度地减轻自己的恐惧心理。你可以在某个特定的时间里，把自己害怕发生的所有事情全部罗列出来。下面就有一个现成的例子。

要知道，大多数杰出之士并不是生来就有胆量参加环法自行车赛或者只身前往亚洲与垃圾堆打交道。他们大都是像我们一样的普通人，只不过在梦游人生的某个阶段翻然醒悟。于是，他们作出了一些极为重要的决定，比如说申请去非洲从事义务救援或者告诉老板自己想要从中解脱，并且从此改变了自己的人生道路。

我目前最害怕的事（高度精简版）

★ 我现在才刚刚写到第 2 站，我真的能把这本书写完吗？

★ 要是写不好的话怎么办？要是得到差评怎么办？（更糟的是，要是根本就没人愿意读怎么办？）

★ 我害怕变得庸庸碌碌、死气沉沉。我害怕变得耽于安逸或者行为懒散。

★ 每当出国旅行时，我害怕磕磕巴巴地讲外语。

★ 有时候，我会感到无所适从。当有人说想要和我一起旅行时，我就会想，哦，千万不要——他们就会发现，这件事情并不总是那么激动人心。

★ 我害怕人们觉得我矫揉造作。

★ 我害怕变老以后，会错过很多早该完成的事情。（借用约翰·梅尔的话来说，“我唯一擅长的事情就是做年轻人。”）

步骤 2：编织你的网

首先，不要让自己追悔莫及。在认清了自己的恐惧之后，接下来你需要做的就是改变自己的思维方式，为即将发生的变化做好准备。数年以前，当我还在南非居住的时候，我就开始认真思考，怎样才能让自己的人生不留遗憾。我意识到，虽然我在年纪轻轻的时候就有幸经历了许多不平凡的事情，但我的人生仍然有一些未知的领域等待我去发掘。最让我担心的事情就是，我不知道其他人会怎么看待我。我害怕自己会让他们失望，但这种恐惧心理却对我作出的许多决定都产生了重大影响。

有一次，几位朋友告诉我他们最近准备攀登位于开普敦的桌山，并且邀请我一同前往。一开始，我的回答是："不行，我还有很多事情要做。"因为那一天我准备参加一个会议，如果届时我没有出席，人们就会议论我究竟是怎么了。但是在接下来的一两天里，这个决定让我感到懊恼不已。最后，我还是拨通了那位朋友的电话，并且和他们一起爬山去了。

我知道，虽然这只是一个小小的决定，只要挤出来一个上午的时间就行了，但我还是觉得分外轻松。后来，当我遇到其他情况时，经常会回想起自己作出的这次选择。比如，我会经常反省想要周游世界各国的决定，因为即使没有这样一个令人精疲力竭的目标，我仍然可以四处旅行。但我知道，如果我不再努力去实现这个目标，将来我一定会感到后悔。每当我想起"不要让自己追悔莫及"时，我看待问题的角度就会发生很大的转变。我可以在工作日尽情爬山。我可以前往那些西方人只是在书中读到的遥远国度。20 年过后，我知道我将会为自己今天的所作所为感到欣慰。

其次，设想最糟的情况。如果你担心一旦某件事情出错就会导致整个局面失控，那么你不妨问问自己，"最糟糕的情况会是什么？"这种办法会让你从一个更加客观的角度看待问题。

接下来，你还可以问问自己，"如果事情没有按照我的预期发展，

世界末日就会来临吗？”令人感到吃惊的是，对于这个问题，我的回答无一例外的都是“不会”。去年在华沙的时候，我沿着河边跑了很长一段路程，然后回到宾馆享用了一顿丰盛的早餐。人生真是美好。随后，我打开电脑想要核对一下接下来的旅行计划。就像往常一样，我致电新加坡航空公司，要求他们为我下周从亚洲回国的航班上安排一个座位。

“对不起，先生，”电话那头传来的声音十分友好，“在这趟航班的乘客名单上没有您的名字。”这种情况时有发生，因为有时候我的行程安排相对复杂，所以我请她不要挂断，然后检查起自己的记录。我从背包最里翻出一张打印好的表格，仔细看了一遍，这才发现了问题的所在。“哦，我还是再打给你好了。”我告诉接线员，然后挂断了电话。让我感到沮丧的是，我发现自己预定了两张下个月从东京飞往西雅图的不可退改签的机票。按照原定计划，我应该先飞往亚洲，在那里待上几天，然后再返回国内。但由于一时的疏忽，现在我没有了返程机票。

> 无所作为滋生怀疑和恐惧，行动孕育自信和勇气。如果你想战胜恐惧，就别光坐在家里想，走出去，行动起来吧！（卡耐基）

刚开始，我方寸大乱。因为我只身一人待在波兰，还要设法尽快飞往亚洲，几天以后能不能顺利回国还是个问题。最后，当我镇定下来时，我按照上面的方式进行反思：最糟糕的情况可能是什么？如果真的出现了这种情况，我会暂时滞留日本，很可能需要再买一张机票。虽然临时购买一张从日本飞往美国的单程机票并不是一件好玩的事情，但是，从长远来看，这也没什么大不了的。

事情果然不出我所料。我对自己犯下的错误哑口无言，而且我也不喜欢为了多买的那张机票刷信用卡，但世界末日并没有来临。更何况，从今以后凡是有人问我在安排旅行计划时有没有出过什么差错，我就可以不假思索地回答：“是的，有一次，我在华沙的时候……”

第三，发动其他人监督自己。如果你想要打破顾虑，还可以发动他人对你进行监督。有一个叫肖恩·马西亚斯的男人（不是上文故事里的那个肖恩），为了戒烟尝试了各种办法，但一直没有成功。最后，他下定决心一定要戒除烟瘾，并且在推特微博注册了一个名为“重启自我”（rebootself）的账号。他的目标就是从戒烟开始，重新启动他的人生新旅程。

肖恩邀请所有感兴趣的人加入到自己的队伍中来。每天他都会更新帖子：“现在，我已经 72 小时没有抽烟了……”“一个星期过去了……”“连续戒烟 90 天……”。一年多以后，他已经完全告别烟瘾，并且开始进行下一个健康目标。

最后，适时奖励自己。有些人也许不喜欢把奖惩手段与达到目标联系起来。他们可能会说，难道我们不是更应该看重过程吗？对此我的观点是，不论是什么办法，只要管用就行。我在售出本书的项目计划时，就为自己买下了一张环球机票。九个月以后，当我终于搁笔付梓时，我就订下机票，准备前往亚美尼亚和阿塞拜疆旅行。不过，你进行自我奖励时不一定就要远赴异国他乡，而是选择那些更加适合你的方式。

步骤 3：推翻那道墙

在承认自己感到害怕，并且为即将开展的任务做好准备以后，我们就会进入一个关键时期，接下来该怎么做呢？假如你已经清楚自己最想得到的是什么，但却对自己是否能够坚持到底心存疑虑，那么你需要做的，就是促使自己主动作出决定。也就是说，你必须停止犹豫不决，无论做还是不做都要迈出这一步。

其原因有两点。首先，在认清恐惧是阻止我们前行的唯一障碍以后，我们就能勇敢地面对自己的恐惧。其次，即使你所做的决定是放弃，那么，由于这个选择是你主动作出的，所以你至少不会因此而耿耿于怀。（需要注意的是，如果你真的打算放弃，就要彻底放弃。否则，你所处的状况很可能与自己主动作出决定之前没有什么差别。）

让我们还是回到斯隆·布伦特、肖恩和亚伦的故事上去。斯隆最终战胜了自己的恐惧，孤身一人远赴菲律宾，但是，许多和她有着同样想法的人却选择了放弃。她虽然也有顾虑，却决定无论如何都要坚持下去，并且来到马尼拉开始了富有挑战性的全新生涯。斯隆一边作为 Kiva 小额贷款机构的成员对他人进行帮助，一边准备自己的另一次冒险之旅。

亚伦的情况正好与她相反。尽管他强烈地希望自己能够有所改变，并且完全有能力从事这项新的工作，却由于无法战胜自己的种种顾虑而陷入了困境之中。他过着一种平静而绝望的生活，虽然偶尔也会向世界的另一面偷偷张望，却始终没有冲破恐惧的藩篱。一开始，肖恩与亚伦的情况大致相似。虽然他们的具体目标不同，但都同样希望能够走出这种令人不满的人生道路。

我并不是说肖恩就比亚伦好。他们都头脑聪明、勤奋刻苦、志向远大。不同之处在于，肖恩能够战胜自己的恐惧心理，而亚伦却没有。无论是对于肖恩还是亚伦来说，克服恐惧都是一个艰难的过程，但是却非常值得。

实际上，我们大多数人都是斯隆、肖恩和亚伦的综合体。我们既有远大的梦想和抱负，也有重重的顾虑，而克服恐惧的过程往往伴随着我们的终生。很少有人能够真的做到无所畏惧。因此，我们不应当对自己的恐惧心理装作视而不见，而是应当冲出恐惧的藩篱。一旦你打破了这堵高墙，另一边的景象就会让你感到无比惊异。

在墙的另一边，会有什么样的美景在等待着你的到来呢？

对着镜头讲话就紧张的他，正期待上奥普拉节目呢

我的个人网站在一定程度上取得了成功，所以我希望能够继续进一步拓展业务，在网站上添加一些录制于世界各地的视频资料。虽然我首选的沟通方式是写作，但我知道，互联网上

的视频资料变得越来越多，而且通过不同的方式发布信息也是一种不错的做法。

问题只有一个：我非常害怕上镜头。在第一次对着镜头讲话时，我紧张得不知说什么才好。因为我不习惯与一架摄像机进行眼神交流，所以摄制节目很快就变成了我支支吾吾的自言自语。我看了看录像，发现其中的问题再明显不过，看来我需要勤加练习才能有所改变。

我该怎么办呢？我的写作风格很受欢迎，每天都有数万人点击浏览我的文章，而且读者也希望我能够做得更好。于是，我开始设法提高自己的摄影技巧，并且经常录下一些短片，在进行对比之后把最好的那个传到网上。这一次，当我看过几个视频之后，我对评价是："还不错嘛。"换句话说，它们不算太糟，但我知道如果继续维持这种水平，要想让奥普拉的制片人主动打电话给我，恐怕还得再等一段时间。

我发现，大部分人都对我表示理解，其中有些人还给我发来不少直言不讳的小纸条："嗨，克里斯！你的视频需要再加把劲啊。"我知道，他们说得没错，我也一直在努力改善。日复一日，我变得越来越驾轻就熟。一年夏天，我进行了一次长途旅行，其间穿越四大洲，并且拍摄了12部录像。当我从迈阿密飞往洛杉矶的时候，身旁刚好坐着一名演员。她给我提了一条很好的建议。她说："人们不希望你去扮演别人，而是希望你做回自己。"

虽然对着摄像机录制节目毫无危险可言，但我最终还是克服了恐惧心理，并且习惯了对着笔记本电脑上的光标谈话。随后，CNN（美国有线新闻网络）的一名记者写信给我，询问是否能够使用网站上的部分视频资料。接着，NBC（美国国家广播公司）也有人打电话过来，问我是否能够使用他们的反转摄像机录制一些我进行环球冒险之旅的片段。"当然可以。能够使用免费的摄像机，还能让数百万观众在电视上看到自己，我何乐而不为呢？”现在，我还在等待奥普拉，不过这一次如果她打电话过来，我想我已经做好了充分准备。

*奥普拉的制片人请注意：你们随时可以拨打我的电话503-852-1465。我希望在芝加哥录制节目的时间定在下午。

请记住

★ 感到害怕再正常不过！你的目标是战胜恐惧，而不是对它视而不见或设法逃避。

★ 作出改变带来的痛苦必须要小于维持现状引起的痛苦。

★ 大多数杰出人士并非天生杰出，而是因为他们在人生的道路上作出了关键的抉择，并且克服了恐惧。

★ 不妨反问自己，“最糟糕的情况可能是什么？”这有助于你恰当地作出重大决定。

03

"看门人"的惯用伎俩

挫败"看门人"的绝招：采取非传统策略

"想要把权威打得落花流水，
你最好双脚齐下"

当道义和法律发生公然冲突的时候

穷学生 VS. 埃克森美孚公司和犹他州司法部长；

第 3 站

抗争之门：对抗权威并获胜的法则

进步是个很好的词语，但是，进步唯有改变才能推动，而改变会树立敌人。（罗伯特·肯尼迪）

一名穷学生胆敢向壳牌和埃克森美孚公司叫板

2008 年冬末，犹他州立大学的学生蒂姆·德克里斯托弗无意间在经济学期末试卷上看到这样一道试题："如果在土地拍卖会上只有石油和天然气公司参与竞标，那么你认为这种拍卖是否合理？"

作为一名环境保护积极分子，蒂姆的答案不言而喻：这当然不合理。然而，要想对雄霸天下的壳牌和埃克森美孚公司发出挑战，至少要有上千万美元的资金才行，仅此一条就足以把其他与土地利益攸关的各方，包括关心环境的任何人都排除在外。

> 批评家就是那些只会认路，却不会开车的人。（肯尼思·泰南）

这些环境保护积极分子大致可以分为两类。大多数人倾向于采用写信抗议、游行示威、联合抵制等和平手段，还有少数人会演变成为无政府主义者，凡是在他们看来有可能造成危害的公司或者事件，他们就会肆无忌惮地进行破坏。其结果是，无政府主义者最终不是遭到毒打就是锒铛入狱，至于那些写信造势者根本就没有人理会。

蒂姆左思右想，试图找到第三条道路。事有凑巧，就在蒂姆经济学期末考试结束后的一周，犹他州举行了一场颇具争议的土地拍卖会。这一次，蒂姆没有再借试卷泄愤或者挥舞口号以示抗议，而是希望能找到一条成功阻止这次竞标活动继续下去的非暴力途径。在拍卖会举行当天，蒂姆穿过大街上一群像往常一样挥舞着标语牌的抗议者，信步走进盐湖城的一家律师事务所。看到蒂姆进来，一个办事员略显诧异地询问他是否想要登记投标。蒂姆回答"为什么不呢？"，然后领到了一个号牌。不过，这个号牌可不是用来高举头顶进行示威的。

竞价开始了。蒂姆当仁不让，一举击败了所有的竞标人，成功拍下了第一块土地。第二轮竞价开始时，他又故伎重演。最后，那天早上所有竞价的土地都被蒂姆一人拍下。拍卖会结束后，蒂姆收获颇丰。首先，因为连续举了两个小时的号牌，他的胳膊变得酸楚难当。其次，他已经成了 13 块土地的新主人，共计 2.2 万英亩，仅售 170 万美元。拍卖商告诉蒂姆，只要等他全部付清这些款项，这些土地就归他所有了。

其三，蒂姆的行为还触怒了不少公司高管。他们千里迢迢乘坐私人飞机来到盐湖城，却被一个不名一文但每次叫价都举手的毛头小子打败，这着实令人恼火。拍卖会结束以后，这些高管们纷纷拂袖而去，律师们也早已拟好了诉状，不仅投诉当地执法部门监管不力，还指责犹他州司法部长软弱无能。当然，作为一名依靠兼职谋生的大学生，蒂姆不可能凭空拿出 170 万美元。于是警方就以扰乱拍卖会秩序为由将其逮捕归案，罪名是“非暴力反抗”。

如果你想做的事情不符合传统，那么无论你再怎么正确，也总是会有人百般阻挠。（巴菲特）

事情的发展变得越来越有意思。这次拍卖会正好发生在布什和奥巴马政权交接的 11 周过渡期内。布什政府的官员怀疑，奥巴马登台后会立即改弦更张，取消土地的出售权。于是他们在仓促之间举行了这次拍卖会，其目的就是要在政权交接之前，让这块土地的出售变为既成事实。然而蒂姆的出现不但搅黄了拍卖会，还为新一届政府土地政策的出台赢得了时间，而这正是蒂姆的用意所在。

转眼到了 1 月，新一届政府刚刚接过大权，国家土地管理局就立即废止了拍卖土地的有关条例，同时宣布这次拍卖无效。在联邦法令的保护之下，2.2 万英亩的土地完好无损，而想要撤销这一法令谈何容易。对于蒂姆来说，现在就只剩下一个问题：犹他州的司法部长已经恼羞成怒。于是，司法部门指控蒂姆身犯两项重罪，希望其他那些像蒂姆一样身无分文却胆敢在拍卖会上竞标的惹是生非之徒能有所警戒。对于上述罪名，蒂姆正在积极准备进行辩护，他发誓要与之抗争到底，但同时他也表示愿意为此遭受牢狱之灾。在诉讼即将开始时，

他告诉我，“非法出售土地的行为必须予以禁止，即使需要为此付出代价，我也在所不惜。”[①]

对于那些选择了非传统职业生涯或生活方式、有意挑战传统观念的人来说，他们大都会遭到权威与社会现状的极力阻挠。在本站旅程中，我们会向你讲述，无论你是希望成为一名政治活动家，还是仅仅想要按照自己的方式去生活，无论你是来自哪个行业，作为一名离经叛道者，有关权威部门可能会对你采取哪些手段。

与此同时，我们还会向你讲解怎样综合运用直接和间接的方式对他们予以还击。对于直接的冲突，滚石乐队吉他手基斯·理查兹有句话堪称一语中的，**“想要把权威打得落花流水，你最好双脚齐下。”**诚然，在与权威针锋相对时，你最好使尽浑身解数，否则他们就会对你迎头痛击。

所幸拳打脚踢并不是进行抗争的唯一方式。采用迂回战术避开路上的障碍或者改变两相对峙的游戏规则，你同样可以对他们予以还击。因此我们不妨暂退一步，先来看看在阻挠他人按照自己的选择行事时，权威部门都有哪些惯用伎俩。

那些喜欢说“不”的“看门人”

实际上，许多当权人士都可以被比作“看门人”，我们可以对其作出如下界定：

> 看门人：名词。1. 旨在限制他人作出其他选择的一个人或者一个团体；2. 阻止人们打破常规而取得成功的一种障碍。

为什么人们总是按照他人的期望而不是自己真正的想法去行事呢？其中的原因有很多：惯性思维、恐惧心理或者从来都没有人告诉

①关于蒂姆一案的最新进展，可登录Bidder70.org。

自己不用这样做。除此之外，还有一个很重要的原因，那就是有时候人们循规蹈矩，是因为那些看门人非常善于阻止人们超越常规。

看门人会指出你都有哪些选择，从而在给予你自由假象的同时阻碍你接近那些真正重要的地方。他们好像在问："你要选 a 还是选 b？"但从不让你知道，c、d 和 e 同样也是可能的选项。

在蒂姆·德克里斯托弗的事件中，国家土地管理局佯装这次拍卖是合法的，因为它们对所有人都是"开放的"。实际上，它们只对极少数人才是"开放的"——因为必须拥有 170 万美元以上的资金，你才有资格参与竞标，而能够拿出这笔资金的只有几家大型石油公司。

有鉴于此，要想对权势人士发出挑战，首先就要懂得几乎没有什么机会是对任何人都民主平等的。通常来说，大学只对那些掌握了应试技巧的学生敞开大门；教堂和宗教机构只对那些乐于接纳界定是非信仰教规的人开放。如果其中某个成员距离公认的界限过远，那么他的行为就会被视作旁门左道，从而遭到该团体中其他成员的集体排斥。

你或许用不着在政府土地竞标中向壳牌和埃克森美孚公司叫板，但也应该向自己的看门人发出挑战。比如，当你申请进入某所大学或者成为某家公司职员时，看门人就会对你在该机构中与其他人之间关系的诸多方面进行审查，其中包括：

★ 你是否值得他们优先考虑。

★ 你是否会成为该机构需要加以提防的潜在威胁。

★ 你同其他申请者候选人（同龄人、竞争者以及看你档案的人）比起来孰优孰劣。

★ 对于你为其作出的贡献，该给予多少报酬或奖赏。

所谓看门人，其实就是那些对你说"不"的人。他们最擅长的事情就是对某种观点进行打压，然后就自己为什么拒绝某个申请人或者某项计划而进行辩解。事实上，在许多机构里都设有一个这样的"说

不部门”[①]，只不过在“部门”二字的前面，常常被人们堂而皇之地加上了“司法”或者“人事”几个字。

下面列举的就是这些机构中的一些传统假设以及与看门人观点针锋相对的另一种解读。

传统观念的另类解读

传统假设	另类解读
高等教育是培养职业人才的地方。	高等教育强化了人们的服从意识，加大了人们的压力。
协会和机构的存在是为了让人们免遭伤害。	协会和机构的存在不仅限制了我们选择的余地，而且还加剧了垄断。
宗教机构为信徒提供正式的解答，并分享经验。	宗教机构压抑人们的信仰，从而增加自身的权力。
慈善机构的存在是为了帮助人们。	慈善机构的存在是为了维持自身的运作。
娱乐和出版行业汇聚了文化、艺术和影视界的精英人才。	娱乐和出版行业是一个提倡大众平庸文化、阻碍独立艺术创作的企业联合体。

在现实生活中，这些传统的观念可以用于维持现状、加强秩序和惩处异己，而另类想法则被视为对核心观念的威胁从而遭到排斥。

需要注意的是，大部分机构的角色可以通过转化而产生积极正面的变化。依据我接受高等教育的经验，虽然学校提供的教育有 80% 是对时间的一种浪费，但至少还有 20% 是有用的内容。另外，有些宗教机构确实可以帮助个人和团体寻求对信仰的理解，从而让那些思维开阔者变得眼界宽广，而不是目光短浅。慈善机构也可以帮助人们而不求回报，通过一个个成功的故事为人树立下良好的榜样。然而不幸的是，很少会有人对它们抱有这样的期望。因此，我们必须首先对传统的权威发出挑战，然后才能让越来越多的人意识到我们还有别的选择。

①在此，我要对行销大师赛斯·高汀的工商管理硕士学生所提出的“说不部门”这一说法表示感谢。

“看门人”都是这样忽悠人的

假设你是一个坏人，想要从他人手中夺取一大块蛋糕供自己享用。（我知道你从来都没有这样做过，但先让我们做个假设。）你会发现看门人拥有很大的控制权，当你的权威受到破坏或者遭遇挑战时，为了说服人们站在自己这边，你通常就会采取以下几种方式：

“因为你就要这样做。”

作为一个“看门人”，只有让人们相信自己所扮演的角色是必不可少的，才能够继续维持自己的权力。我们为什么要这样做呢？“因为你就要这样做。”“因为我们一直都是这样做的。”“因为有人说过。”每当有人威胁到传统或者表示质疑时，“看门人”就会把自己的逻辑建立在过去的做法之上，而不论自己对于从前的记忆是否准确。

“这样做都是为了大家的利益。”

这种借口与上述招数极为相似，都是试图让人们相信，如果有人偏离常轨或者作出了非传统的选择，其他人的利益就会或多或少地受到损害。在本书旅程的起点站，我们曾经讲过一个关于五只猴子的故事。如果我们允许其中一只猴子爬到笼顶去够香蕉，那么其他猴子就会竞相效仿。而这个世界有怎么能允许每个人都能拿到香蕉呢！想想这会给整个社会造成多大的混乱。（不过，那些限制别人不许吃香蕉的人，自己却能拿到很多香蕉，他们只是不想让别人也加入到自己的行列中来。）

“因为某某说过。”

“看门人”往往会抬出一个更高级别的权威，比如上帝、老板、制度、

公司，或者其他诸如此类的说法。实际上，这个权威的概念往往十分模糊，他们动不动就抬出某种常规或者社会上某些不成文的规定习俗。当“看门人”自己也不太清楚为什么要这样做，而又不好仅仅回答“因为就要这样做”的时候，往往就会采取这种说法，“这个嘛，是因为某某说过，所以肯定错不了。”

“等到……的时候，事情就会不一样了。”

“等到”后面的部分要看情况而定。在通常情况下，它们可以是“你年纪再大一些”，“你有了孩子”或者“你需要负责任”等。当我年纪尚轻的时候，就经常听人家说，“等到你能够对自己负责的时候，事情就会不一样了。”在我结婚之前，还听到有人说，“等到你结了婚的时候，事情就会变得不一样了。”现在，我最常听到的一句话就是，“等到你有了孩子的时候……”有些人说得更具体一些，“等你有了孩子，你就不能再像现在这样到处旅行了。”

也许他们说得不错。但既然我现在还没有孩子，所以这个问题我很难回答。正因为如此，看门人这种像稻草人一样吓唬人的方式才总是行之有效。与此相反，我认识许多有了孩子以后比我出行更加频繁的人。文斯和珍妮·迪夫妇就已经周游世界三年之久，而且仍然乐此不疲。他们依靠自己每年 2.4 万美元的收入，已经带着五岁的孩子走遍了 30 多个国家。在几个全球最贫穷的国家里，传教士和慈善工作者照样生儿育女，甚至还培养子女们开阔的视野、让其增长人生见闻，这些事情放在国内是永远也不可能发生的。换句话说，虽然我还没有孩子，但这并不等于有了家庭就不能四处旅行或者创造非凡的人生。[①]

因为我们经常会听到这些借口，所以便不由自主地默默接受。当“看门人”刻意采取上述伎俩时，情况就会变得更加艰难，而且你也许会觉得自己是在孤军奋战。正如我们在本书第 2 站曾经讲过的那样，

①关于文斯和珍妮·迪一家的冒险之旅，请登录 SoulTravelers3.com。

只有当作出改变带来的痛苦小于维持现状造成的痛苦时，改变才会发生。如果你已经做好准备，想要让自己有所改变，并且想要对看门人的权威发出挑战，下面就是你需要做的事情。

不妨采取“弱势”策略，化腐朽为神奇

当蒂姆·德克里斯托弗在公共土地拍卖会上向石油和天然气公司发出挑战时，他找到了一条改变游戏规则的方法。当然，蒂姆不是第一个对不公平竞拍表示不满的人，但是，他却是第一个主动打破这种不良平衡关系的人。

《纽约客》杂志曾经刊登了一篇马尔科姆·格莱德威尔的文章，他对过去两百年中小到篮球赛大到每一场战争进行了分析，结果发现，弱势群体——人们大都不看好的球队，或者力量只有对方十分之一的军队——是怎样扭转乾坤，并击败那些比自己强大得多的“歌利亚”[①]。一开始，文章首先对过去两个世纪里各种各样“大卫 vs. 歌利亚”类型的军事战争进行了剖析。在这里，我们将使用“弱势群体”代替牧羊人大卫，而用“权威”代替巨人格里阿特。

使用传统武器的结果：

权威打败弱势群体的概率：71.5%

弱势群体打败权威的概率：28.5%

人们都喜欢为弱势群体大声疾呼，但是，如果要让我们对他们下注的话，大多数人还是会把胜算押在权威身上。格莱德威尔的分析显示，在采取传统战略的前提下，十次有七次权威会将弱势群体打得落花流水。然而有意思的是，当交战规则发生了转换，弱势群体主动出击，就有可能反败为胜。

---

① 《圣经》里被牧羊人大卫杀死的绯力士巨人。——译者注

使用非传统武器的结果：

权威战胜弱势群体的概率：36.5%

弱势群体战胜权威的概率：63.5%

即使是在传统战略中，弱势群体仍然有28.5%的胜算。但在这种情况下，“大卫”们只能依靠自己的运气，并且希望“歌利亚”们放松自己的警惕。反之，如果弱势群体采取了非传统战略，并且主动改变游戏规则，他们的胜算就会猛增到63.5%。换句话说，如果弱势群体能够打破常规、主动出击，他们就极有可能赢得战争。[①]尽管他们从外形上看起来有着天壤之别，但在这种情况下，如果你是一个精明的下注者，最好还是把胜算押在弱势群体的身上。

这两种情况的区别究竟在哪里？其区别就在于，弱势的一方故意改变了对抗时的游戏规则。要知道，“看门人”的职责就是限制你的选择（你要么选择a，要么选择b，但不能选择c或d），因此弱势群体要做的，就是找到其他可能的选项。在格莱德威尔的文章里，这些选项包括：阿拉伯的劳伦斯有意选择在茫茫大漠中来回穿行600英里（约965公里），让敌人出其不意；《圣经》里的大卫在对战歌利亚时选择放弃身上的盔甲；某支处于劣势的篮球队采取了全场紧逼的策略，迷惑自己的对手；而蒂姆·德克里斯托弗的选择就是，放弃使用无人理睬的写信投诉和效果不佳的暴力反抗方式，转而采取第三种表示抗议的途径。

在其他情况下，如果需要与权威进行对决，你可以若无其事地对他们点头微笑，然后主动出击，采取你想要采取的任何办法。正如我们在上文中曾经指出的那样，请求他人的原谅比请求他人的许可来得容易，但幸运的是，你通常不需要请求任何人的原谅或许可。

①格莱德维尔的这篇文章名为《大卫是如何战胜格里阿特的》，于2009年5月11日在《纽约客》杂志上发表。

当道义和法律发生冲突时，你站在哪一边

马丁·路德·金有一句名言："希特勒的所作所为在当时的德国是完全合法的。"对于美国（以及许多其他国家）来说，蓄奴制度在长达数百年的时间里不仅是合法的，帮助奴隶获得自由反而成了非法的活动。在美国的许多州和世界上的绝大多数国家里，同性婚姻仍然没有取得正式的法律地位。

我不是一个无政府主义者，也并不打算推翻现任政府，我只是一个按时纳税、遵纪守法的美国公民。但有一点无可否认，有时候道德和法律的立场是相互对立的。在道义和法律发生公然冲突的情况下，我希望自己能够像蒂姆·德克里斯托弗在犹他州采取的做法那样，通过采取积极的抗议措施，站在支持道义的那一方。

权威人士并非全知全能。我们都知道，为了让人们相信他们才是公认的专家，他们耗费了大量的精力。因此，我们的机会恰恰就在于，"看门人"和其他权威人士所处的地点刚好就在你现在的位置和你想要到达的地方之间。

从很大程度上来说，对抗权威是一个积极主动的过程。如果你打算对他们发出挑战，那么你最好提前做好准备。就像基斯·理查兹所说的那样，想要把权威打得落花流水，你最好双脚齐下。因为只有这样，你才能取得主动，像蒂姆·德克里斯托弗那样，找到一条改变游戏规则的办法。在此期间，你要使用的武器不应当是刀剑，而应当是避开锋芒的投石或暗箭。

无论你采取哪种方式，不妨记住一句古谚：**认为某事不可行的人，不应该妄自干扰那些正埋头苦干的人。**因为"看门人"最擅长的就是对你进行干扰，所以你最擅长的，就应该是变不可能为可能。

请记住

★ 如果你不喜欢某件事情的做法，你可以拒不接受。

★ “看门人”就是那些限制人们选择余地的权威人士（或团体）—— 你可以选择 a 或者 b，但不能选择 c、d 或者 e。

★ “看门人”擅长运用循环论证的方式为自己的行为辩解。他们最典型的论据就是，“大家都这样做，你为什么不这样做呢？”

★ 在向权势发出挑战时，针锋相对不是最好的办法。与此相反，你应该采取弱势策略以改变这场游戏的根本规则。

你不需要什么？

在清除恐惧感和不安全感造成的心理障碍以及“看门人”和批评家造成的外部障碍时，人们经常会受到威吓而中途放弃。幸运的是，我们通常所认为的获得成功所必须具备的先决条件，并不是真的就不可或缺。

我们已经在前文中谈到关于原谅和许可的话题——请求他人的原谅比请求他人的许可来得容易，而且在大多数情况下你都不需要请求他人的原谅或者许可。事情还不止于此。实际上，对于成功来说，很多因素完全没有必要。

你不需要经验。经验也许能够让你更快入门，但真正重要的问题是，你现在身处何方，以及接下来你想要朝哪个方向前进。过去的经验，只不过是你个人履历上的一段文字而已。

你不需要长达数年的准备。从理论上来说，你需要有所准备，但其实你已经准备好了。这就是我们所说的人生。无论它是如何将你带到了今天，你已经为明天将要前往的地方做好了准备。

你不需要文书档案。这里所说的文书档案包括：学位证、毕业证、资格证、执照、推荐信和介绍信等。

你不需要导师。没有人会像你自己一样关注你的个人成长。你不能将规划人生这样的重担推给别人。

需要注意的是，这些事情并非毫无益处，但它们都不是取得成功的必备条件，没有它们，你照样能做事。

你需要什么？

如果上面列出的事情你大都不需要，那么你究竟需要什么呢？

你需要热情。对于自己相信的事情，你需要投入极大的热情。如果你对任何事物都缺乏热情，那就说明你还没有认清自己最擅长的究竟是什么。如果是这样，就请你继续去寻找。

你需要长远的眼光和明确的任务。只有具备长远的眼光，你才能认清努力的方向；只有制订明确的任务，你才能找出实现目标的途径。

你需要回答世界上最重要的两个问题。你究竟想从人生当中获得什么？你怎样才能以独有的方式帮助他人？如果你找到了这两个问题的答案，那么你很快就能超越身边的大部分人。

你需要持之以恒。很多人经常半途而废。为了达到目标，你愿意付出 10 000 个小时甚至更长时间的努力吗？如果你愿意，那么你的路就走对了！

重要的是，关于这些你不需要的事情和真正需要的事情，它们之间的区别在哪里？前者大都需要依赖别人，而后者基本上都是你自己说了算。

总之，你只需要“足够”就好了。你需要足够的金钱、足够的时间、足够的勇气，如此等等。那么什么才可以称得上是“足够”呢？这就需要根据你的目标，由你自己来决定了。

但是不要总是担忧没有的东西。当你不再关注那些不需要的东西时，很多事情就会变得简单起来。

行程 2

全新改造的工作路线

人们倾向于相信，幸福的秘诀在于减少工作。

但我的看法是：与其放弃工作，何不想方设法让工作更美好？

让我们尽情享受接下来的旅程吧。

《经济萧条时期的100种赚钱方法》

不可思议：100美元也能创业

雇用老板代替求职

一名叛逃创业家的自白

不是逃离某处，而是逃往何方

第4站

安全感地带：能力才是你的铁饭碗

如果你能掌握自己的人生，会发生什么事情呢？会发生一件可怕的事情：你再也不能责怪他人了。（艾瑞卡·琼）

当时运不济时，你最好主动出击

每天早上，我基本上都是这样度过的：先为自己冲一杯咖啡，接着上网查收电子邮件，再浏览几个博客，然后开始看新闻。在全球金融危机爆发的一天早上，当我正在浏览政治两极化的文章和名人动态时，无意中看到了一个来自 MSNBC.com 的链接，标题是这样的——《经济萧条时期的 100 种赚钱方法》。

相当引人注目，对吗？虽然我不急着找工作，也没有为交不起房租而感到担心，但我还是抑制不住好奇心，立即点开了这个链接。然而，当我扫了几眼其中列举的方法时，不禁越发感到迷惑。几乎所有“在经济萧条时期的赚钱方法”都需要为他人工作，尤其是一些收入微薄的体力劳动。大部分内容都是建议人们从事各种各样的兼职工作，比如送比萨和做侍应生等，其中只有不到 5% 的提议与自主创业有关，而且后面大都还会警告你要小心谨慎。（“你也可以在网上开店，但要知道，其中亏本的是大多数。如果你难以承受风险，还是找一份收入稳定的工作为好。”）

> 如果你将自己的选择仅仅限制在那些可能的或合理的东西上面，你就无法得到自己真正想要的，而剩下的一切就只有妥协。（罗伯特·弗里兹）

换句话说，他们所提倡的是，不要为了安全感承担任何责任。即使这份差事的薪水再少，只要没有流落街头，你就应该表示感激。这种心态意识虽然常见，但未免太过受限。送比萨的收入也许可以让你交得起煤气费，但如果你想要实现财务自由或远远脱离贫困线，就必须找到一条掌握命运的办法。

我无意对送比萨的工作说三道四。其实早在 20 岁创业之前，我也曾经为他人送过比萨。有几个月的时间里，我需要坐在副驾驶座上，带着一大堆派跑遍全市。在这里我只是想说，MSNBC 网站上的那篇文章对于经济危机时期所持的态度是有问题的：你必须依赖为他人工作才能找到安全感。

我想提出一个更好的宣言：**当时运不济时，你最好主动出击。**我的一位朋友经常这样说："你为没能达到目标而感到难过，对此我十分遗憾。所以我的建议就是，为了让自己感觉好些，你最好设法达到这个目标。"没有人能为你的成功或美好人生负责。如果你同意这一点，那么接下来该怎么做呢？

在这一站，我们讲的主要是关于承担风险的问题。其基本原则是：掌握自己生涯规划所要冒的风险要比托付他人关照自己的风险低得多。开创自己事业的途径不止一条，而且并不是每个人都适合自主创业，但是，如果你开始从自身而不是从他人身上去寻找问题的答案，那么成功就离你不远了。

你想事业"独立"，还是人生"完全独立"

在所有令人难以接受的事情中，这无疑是最勉为其难的事情。你要记住这一点：自身的能力就是你最好的安全感。无论是经济萧条，还是突发事件，你都应该依靠自己的能力找到解决问题的方法。这并不仅仅是依靠正面思考、发挥想象力或其他天马行空的想法。你不需要戴上美国土著的头饰，去乞求天赐甘霖，而是应当改变你解读事物的方式，并且主动采取行动让自己从困境中解脱出来。

> 记住并遵循这条永远灵验的处方：马上行动。不要轻易放弃。（芭芭拉·温特）

要想做到这一点，不外乎以下几种途径，但每一种途径都蕴含了我们在本书前几站所讲过的观念：构建自己的人生原则、战胜恐惧和通过改变游戏规则来对抗常规。

选择 1：自主创业

我并不认为每一个人都适合创业或开办自己的小型公司。在接下来的例子中你可以看到，为他人工作同样可以获得事业上的独立。但是，每个人的脑海里似乎都有一个重要的声音，那就是希望能够通过创业来取得“完全独立”。无论是对于我还是其他许多人来说，自主创业（即使只是部分形式）是切断依赖的最佳手段。

此外，我认为媒体过分渲染了创业的风险。我们经常听说有多少家企业倒闭，却没有人说有多少家企业生意兴隆。事实上，大部分创业家在取得成功之前都尝试过不止一种经营业务。

如果你对上述看法表示同意，那么你应该开创什么样的企业呢？最理想的情况就是，你计划之中的创业项目能够不依赖于某个具体的地点，也就是说，你可以在世界上任何一个地方从事这种生意。当然，这并不意味着你就要打点行李，搬到卢旺达的首都基加利，无论如何，如果能够在四处漫游的同时仍然可以工作岂不更好？正因如此，微型企业的运作几乎无一例外都离不开互联网，或者大部分都需要通过网络，只有小部分生意可以离线运作。虽然这不是创业的唯一途径，但这种做法显然让我们的生活和工作变得更加轻松便捷。

> 无知与知识的差距要远远小于知识与行动的差距。（佚名）

不可思议：100 美元也能创业！

正如你不需要他人许可去过自己想要的生活一样，创办小型企业并不需要大笔资金。在过去的 10 年中，我曾经开创了五笔生意，其中每一笔的初始成本都小于 1 000 美元。事实上，在我付出第一个 100 美元之前，就对每笔生意最终是成功还是失败，有了大致的了解。

虽然没有一笔生意让我变成百万富翁，但我的目标并不是发财致富，而是做到自给自足，不用再为找工作而四处奔波。因此，从这一点来看，这五笔生意全都很成功。

这样做的并不是只有我一个人。最近，我正在搜集 100 美元创业起家并获得长期成功的故事，我已经征集到好几百个了，下面就是其中的几个：

★ 丹佛电视台的一位新闻节目主播在遭到解雇以后，只花了 9 美元的网络注册费，创办起一个名为“工作瑜伽”的兼职公司。在接下来的六个月里，她的月收入超过 2 000 美元。

★ 有人在被汽车经销商解雇以后，自己创办了一家砖石安装公司。他带了 18 美元到巴诺书店想要买几本关于做生意的书，但最后却在咖啡馆买了一杯咖啡，然后一边翻阅里面的书籍。在经过艰难的起步阶段和寻找生意伙伴之后，到了第三年，他的年收入就已经超过 1.5 万美元。

★ “满 50 美元就送一瓶油”的网店，经过五年的发展，现在的盈利额达到了 600 万美元。

★ “复古剃须刀”（Retro Razor）项目始于西雅图的一间卧室，其创始人在前往意大利的途中用完了自己的吉列剃须刀片，于是发明了这种剃须刀。最初，他只花掉了 75.87 美元，现在，该公司已和亚马逊网站（Amazon.com）签约合作项目，销售异常火爆。

更多详细内容可以参考本书附录 C 中的网络资源。

成年以后，我基本上都是在从事自己的生意，所以可能更加倾向于自主创业的做法。在这一点上，我很难体会从事一份传统工作的感觉。前不久，我到一家银行想要开设一个新的账户，整个过程用了 45

良性业务 vs. 不良业务

良性业务	不良业务
制造的产品质地精良。	耗费时间换取资金。
不受外界经济状况的影响。	完全依赖外界经济状况。
不受地点的影响（可在任何地方经营）。	只能在固定地点经营。
时间安排灵活，你可以决定何时花时间投入生产经营。	时间安排固定不变，比如那些等待顾客上门的商店或服务行业。
高利润率，资金周转稳定有规律。	低利润率，资金周转不规律。
企业创办人拥有自主知识产权。	其他人（通常是连锁店）拥有知识产权

*需要注意的是，你所选择的业务不一定同时具备以上所有的“良性”特征，也不一定没有任何“不良”特征。关键在于，这项业务所拥有的“良性”特征越多，你获得长期成功的可能性就越大。

分钟。当 15 分钟过去以后，我开始变得烦躁不安。于是，我问那位帮我开户的女士：“这就是你每天的工作吗？如果没有人来这里开户的话该怎么办？”她叹了一口气回答：“那样的话，我会……做些研究。有时候，我还要做……行政工作。以前不忙的时候我们还可以上网，但现在公司不让了。”

就我个人而言，我对自由的热爱胜过稳定的收入、工作福利保障或者传统工作的其他有益之处。但我也承认，不是所有的工作都像银行里的初级客户经理那样枯燥乏味，因此，公平地讲，创业并不是我们唯一的选择。下面我们就来一起看看还有哪些其他的可能。

选择 2：成为职场明星，重新定义你的工作条件

阿伦·培根自称是一个“不惑之年的普通人”，他有着一份不错的工作。这份工作相对稳定、薪水较高、奖金丰厚，几乎无可挑剔。

问题只有一个：虽然他的收入不错，但工作环境却让他感到无法忍受。

“就好像我在潜水的时候没有戴上呼吸面罩。我越是想更进一步，就越感到压力巨大，甚至无法呼吸，”阿伦告诉我说。为了找到自己的“氧气面罩”，阿伦开始了一系列所谓的“人生实验”——在采取大幅行动之前，首先进行小规模的实验。他的这些“人生实验”包括，在午餐期间参观艺术展览馆，或者故意把自己的职位降低到一个在他看来能够提供更多机会的地方。

> 你一生中大部分时间都在工作。成就伟业的唯一途径就是热爱自己的事业。如果你还没有找到让自己热爱的事业，继续寻找，不要放弃。跟随自己的心，总有一天你会找到。(史蒂夫·乔布斯)

在将近一年的时间里，这个较低的职位不仅变得愈加重要，而且报酬也高出阿伦原有的工作。这次的成功让他更加大胆，阿伦的下一次实验就是，带着妻子和三个孩子暂时搬到巴黎居住。“我不喜欢到某个地方参观一下就走，而是希望我的孩子能够到其他城市去看一看，”他说，“难道我们会在公寓里急死吗？难道我们会因为不认识路又语言不通而疯掉吗？”

事实证明，在巴黎的那段时间里谁也没有急死，于是阿伦的信心大增。回到美国以后，他与负责人协商，自己只在公司保留兼职。这样一来，他既可以从中获益，又可以拥有一份稳定的收入（虽然比以前少了一些），同时他还可以开展咨询业务。

一年以后，虽然他继续在公司从事兼职，但再也不用待在朝九晚五的办公室里了。这一变化不仅让他得到了梦寐以求的自由生活，而且仍然能够与公司保持联系。阿伦喜欢与公司建立的这种新的关系，而正是这种态度让他能够继续留下来从事兼职，并且拥有一份稳定的收入。

归根结底，阿伦认为这种转变源于自己的“人生实验”，即使有时候这些实验只不过是在午餐时间参观艺术展览馆，或在周末拍几张照片。用艾伦自己的话来说，这些实验对他产生的影响“大大超出了”实验本身。

我曾经不止一次从那些诸如谷歌和微软之类的大型公司职员口中听到这样一段话，“我觉得十分惭愧，因为我的朋友们都认为我很矫情，但我真的不喜欢自己现在的工作。”我并不认为这些员工就是不懂得感恩，如果你不喜欢自己在清醒时分需要停留最长久的地方，你肯定不会假装自己喜欢。阿伦的故事为我们提供了一个很好的例子，他既获得了事业上的独立，又没有完全依靠自己单打独斗。

选择 3：雇用老板，改变你的职场地位

苏珊·V. 露易丝既是一个营销商，又是一名设计师。她精明能干，几乎没有她做不了的事情。在过去的五年里，她曾经做过不少充实而又忙碌的工作（包括体育记者、项目指导和画家），最后在一家公司安顿了下来，但她与同事之间的关系却处得相当糟糕。

苏珊感到十分烦恼，并想要改变自己的状况，但又不希望加入成千上万的传统求职队伍。“只要是我感兴趣或者有资格从事的工作，至少都有 300 多人与我竞争，”苏珊告诉我，“虽然我的条件够格，但要让我在电脑上填几张表格，然后发给那些漫不经心的人事部门负责人，恐怕就毫无胜算了。”

为了避免与那些擅长制作简历的同行竞争，苏珊必须改变规则，发起自己的游戏。因此，她没有刻意去“寻找工作”，而是要为自己“寻找老板”。苏珊建立了一个网站，对自己的项目进行了详细描述，同时附上个人简历和工作背景。她解释说，自己正在寻找什么样的角色，并欢迎对这个项目有兴趣的雇主们提出申请。[①]

在苏珊看来，如果到了半路才改变游戏规则只会无济于事，因此，从一开始她就打算为自己雇佣一个老板，在约见了数名候选人之后，她最终向自己中意的公司发出了一份写明具体工作和条件的正式邀请。在此期间，她除了收到一份来自她最喜欢城市达拉斯的申请以

①关于苏珊的详细资料，可登录SusanHiresaBoss.com。

外，还收到了许多位于波士顿、旧金山、多伦多、纳什维尔、奥斯汀、芝加哥和纽约公司的申请。

颇具讽刺意味的是（也许不是这样），苏珊收到的最符合条件的申请书来自一家原本无意雇佣任何人员的公司。这家公司曾经考虑过聘用一位新的市场营销人员，但直到他们看到苏珊雇佣老板的项目之后，才真正打算去找一个适合该岗位的人选。

虽然苏珊工作努力，但她所取得的成功并非完全依靠她坚忍不拔的毅力。当有 300 人同时竞争一个岗位时，你必须想方设法让自己脱颖而出。苏珊之所以能够取得成功，在很大程度上是因为她想出了“雇佣老板”这个主意，并作出了一些完全不同于他人的事情。

我知道，有人也许会对苏珊的做法表示反对，因为不是所有人都能制作一个毛遂自荐的网站，或许其他人已经提出了这个概念，或许“这种做法在我们的行业里根本就行不通”，诸如此类。但事实上，当苏珊刚开始推出这个计划时，人们也曾经预言这种做法不会产生任何效果。但苏珊勇于与众不同，并从根本上改写了经济危机时期人力市场的雇佣规则，而当时美国的失业率一直徘徊在 10% 左右。

一边全职做义工，一边兼职创业

对于我来说，重新定义自己的工作规则既不同于阿伦，也有别于苏珊。坦率地讲，不仅传统意义上的大部分工作我都难以胜任，而且 20 岁之前曾经做过的兼职工作同样也不适合我。最后，我还是依靠自己的能力走出了困境。

正如我在本书起点站所讲到的那样，我并不懂得怎样成为百万富翁，而只是知道如何通过自主创业以维持生计。随着时间的推移，我开始把创办企业看成是一种有益于世界的做法，但在开始的时候，我这样做只是为了每个月能够付清房租。

我曾经听过这样一种说法，创业家就是那些宁愿为自己每天工作 24 个小时也不愿为他人工作一个小时的人。公平地说，这完全可以作为数年来我个人工作的生动写照。我没有建立某种可以持续发展的模式，但却做到了自给自足。不管怎样，只要是我不喜欢做的事情，我就不可能完成。

我首先要说，这当然不是值得人们效仿的最佳模式，我也并不打算为自己进行辩护。不过刚开始的时候，这种做法真的很管用。我专注于自己喜欢的那些事情：在非洲做义工，每天晚上演奏音乐，到世界各地旅行，读研究生等。虽然我并不富有，但我赚来的钱足够让我做自己想做的大部分事情。如果我赚够了一个月的花销，我就会等到下个月再去考虑自己的生计问题。

搬到海外居住以后，我仍然依靠打零工的方式养活自己，为美国和欧洲国家的客户提供谷歌广告账户的咨询和网站建设服务。一开始，这项工作每周只需要占用几个小时的时间，但是，到了我出国的第三年，正当我的义务工作开始吃紧的时候，我此前在国内联系的出版业务却突然中断了。当时，国内的同事和客户并不知道我身在非洲，而我在非洲从事非营利工作的同事也不清楚我通过互联网从事的第二职业。因此，每个月都有几次我会把闹钟定在凌晨3点，以便通过卫星电话参加国内的视频会议，其他与会者都羡慕我的人不是在洛杉矶就是在伦敦，可我从来都没有告诉他们自己所处的地方其实离得更远一些，比如塞拉利昂和利比里亚。

问题不是谁要让我去做，而是谁能阻止我！（艾恩·兰德）

我每周会花45个小时在义务工作上，还有至少20个小时在自己的业务上。事情一直进展得十分顺利，至少没有出过什么岔子，但有一天晚上却突然出现了新的情况。我已经在野外工作了整整一天，还要开车两个小时把医疗器械从我们所在的首都送到遥远的乡村。回来以后，我通过断断续续的卫星电话接通网络，然后开始下载邮件。光是处理信息和上传订单就差不多用了二三十分钟时间，那时候天色已经很晚了。

就在这时，我读到了一条标题为“紧急快讯”的消息，并且发现这条消息来自国内的业务运营中心。该消息说，他们正准备关闭公司，而且时间应该会很快。“不会再推出任何订单。”这名负责人写道。事实上，他们已经三个星期没有推出订单了。看到这里，我立刻慌了手脚，然后抓起卫星电话想要问个究竟，却一直无法接通。

现在回想起来，这件事情早有征兆，因为数据库里的清单很久没有增加，打电话询问时工作人员的回复也都是不冷不热，但因为当时我正忙于分发卡车运来的救济物资和运送各地的患者，所以没有注意到这一点。

那天晚上，当我坐在自己狭小的办公室里通过断断续续的网络突然看到这封邮件时，一时间不知如何是好。我陷入了一场前所未有的危机，却没有太多时间去处理，因为我在塞拉利昂所做的工作十分重要，不可能一走了之，立即飞回美国。

在接下来的几个小时里，我看到其他一些与我同样遭到冷遇的人泡在论坛上，对这家运营中心在关键时刻与我们切断联系表示愤慨。虽然我也感到怒不可遏，但我知道大发雷霆起不了任何作用，运营公司不可能起死回生，而我仍然会陷于困境之中。在这个时候，我认为最好还是先关注怎样解决这个问题，然后再去发火也不迟。

于是，我打电话给身在国内的弟弟，五年前他曾经帮助我从事这项业务，而现在他已经有了自己的生意。“肯，”我说，“我需要你的帮助。”我计划先让他作为个人运营中心与我签订一份临时合约，然后自己一边设法考虑长远的解决方案。谢天谢地，他毫不犹豫地答应了我。接着，我打电话给印刷厂下了新的订单，并且致电另外三家运营中心看看他们是否能够进行帮助，然后我又联系了其他几个与我有着相同遭遇的客户，想知道他们有没有别的出路。在接下来的 10 天里，我们一共替换了价值两万美元的产品，并且还找到了一个愿意接纳这家倒闭运营中心“落难客户”的新供应商。

刚开始的时候，面对千头万绪的问题让我感到压力重重。在几个小时的时间里，我不知道自己是否能够从这场突如其来的灾难中恢复过来。当我打完最后一个电话时，已经是子夜时分，但我坐在那里却感到异常平静。虽然这种感觉有点奇怪，但我觉得从某种程度上来说，这次突发事件反而变成了一桩好事。正因为如此，我才会对手头的事情进行认真分析，并且积极思考在工作不出差错的前提下解决问题的办法。

我一边与另一个客户通话，一边在自己的日记上写道："这没有什么大不了的。我会想出办法渡过难关，最后事情一定会好起来的。"

事实证明，这的确没什么大不了的。在接下来的三个星期里，我的弟弟只身一人，将他的运营工作做得非常出色。随后，那家新的运营中心接管了这项业务，而且比上一个中心的服务好得多。此时此刻，我产生了更多的自信，我相信，不管再出现什么问题，我都能设法解决。

这一次，我从中学到的教训是，没有什么事情是不可挽回的。即使当时你远在 5 000 英里（约 8 045 公里）以外，你的供应商突然从地图上消失得无影无踪，作为一名创造性的创业者，无论如何你都应该设法进行补救，挽回自己的损失，没有人会替你承担责任。

令人感到不可思议的是，当你设法从一场可能造成"致命打击"的危机中解脱出来的时候，你会变得比灾难发生之前更加坚强。最好的情况是，对于刚刚发生的一切，我身边没有任何人有所察觉。远在异国他乡的客户对我表示满意，而非洲的这些同事也不知道那天夜里我在处理怎样的危机。我继续做义工约有一年之久，然后返回美国进入了一家研究生院。后来，我的这项业务一直在不断增长，而我也腾出了更多的业余时间。

走出狭小的办公室前，你需要做好准备

当然，上面故事中的情景也可能会朝另外一个方向发展——我绞尽脑汁想要恢复这桩濒临破产的业务，但却无果而终。即便如此，我也仍然比一边待在银行里做个小职员一边梦想着逃之夭夭要好得多。"逃离"经常被人们和自主创业联系在一起，其中缘由显而易见。如果你在一家不能上网的银行里工作，恐怕你最想做的事情就是逃离此地。

但一定要当心。当你计划逃离狭小的办公室（或者其他任何你工作的地方）时，你必须知道将要逃往何方，否则你的处境很可能变得比逃跑之前更加不幸。这就像是新郎和新娘花了很长时间筹划自己的婚礼，而对于婚礼之后的共同生活却没有进行认真的计划，在这种情况下，当你摆脱困境以后，事情不仅不会像你想象中的那样令人激动，反而会让你感到手足无措或极度失望。

此外，对于那种最大限度地减少工作量甚至完全不再工作以获得幸福的看法，我同样表示怀疑。并不是说把更多的时间留给自己的家人和你所爱好的活动有什么不对的地方，我只是觉得，**如果让你感到不快的原因出在工作上，你最好还从工作上解决问题，比如找到一份更好的工作**。就个人而言，我喜欢工作。如果我从事的工作都是自己喜欢的事情，那么即使每周干上 168 个小时我也不介意。如果有必要的话，牺牲几个小时的睡眠时间我也在所不惜。

> 要改变自己的生活，就要立即开始。改得淋漓尽致，绝无例外。（威廉·詹姆斯）

不论出现了什么问题，最重要的事情是，牢牢掌握自己事业的命脉。无论你是自主创业，还是从事兼职，无论你是雇佣老板，还是采取其他适合你的方式，记住，工作的安全感都在于你的能力。

请记住

★ 没有人会像你自己一样对你的人生负责或关心你的幸福。

★ 无论是在普通的工作中还是在自己创建的事业中，你都可以创造自己的安全感。（在我看来，自主创业更加容易，但这不是唯一的途径。）

★ 就像阿伦·培根进行的“人生实验”一样，只要你能够持之以恒，即使只是慢慢地逐渐改变，也能够产生巨大的进步。

★ 有些人认为自主创业需要承担一定风险，然而真正的风险往往在于把自己的安全感托付在其他人的手上。

★ 不要只想着逃离某处，弄清楚你究竟要逃往何方。

第5站

成才之路：继续读研深造，还是写博客

有些人不上大学也能获得教育；另一些人则是在走出大学之后才获得了教育。（马克·吐温）

从高中辍学生到华盛顿大学硕士

学生为什么要读大专、本科或者研究生？一般来说，答案都是因为他们想要进一步深造学业，或者因为他们现有的知识不足以达到从事某种行业的需要。毫无疑问，对于某些领域和部分学生来说，事情的确如此。但对于另一些学生来说，他们之所以会追求高学历，只是因为这听起来很不错。我知道这一点，因为我也曾经是他们当中的一员。

我读大学时的成绩相对来说毫不起眼，但有两件事除外。第一件事情是，我是跳过高中直接进入大学的。我当然不是什么天才或神童，我只是一个厌倦高中教育和不善于循规蹈矩的学生。有一年，我的成绩相当糟糕，但在第二年表现较好，所以被授予“进步最快的学生”这一殊荣。于是，我索性把这个称号当做自己的毕业证，再也不肯回去继续完成剩下两年的学业。

> 我所知道的最愚蠢的人，就是那些自以为无所不知的人。（马尔科姆·福布斯）

没错，我没有读完高中，而且幸亏我也没有继续按部就班地上完这几年学。就在那一年，我退出高中，进入当地的一所社区大学。当录取办公室的工作人员注意到我没上完高中时，我已经完成了第一学期的全部课程。虽然我的成绩不算最好（一个A和两个B），但他们还是同意让我接着读下去。“你知道，这里又不是斯坦福。”其中一名管理人员对我说。

两个学期以后，我所得到的学分足以让我升入四年制本科。就像我所在的社区大学一样，这所本科院校同样谈不上什么名气，是一所只有 3 000 名学生的小型州立学校。但是，鉴于我是唯一一个没有高中文凭而被正式录取的大学生，我依然感到非常骄傲。

我的成绩高低不一，我喜欢的学科社会学一直都是 A，而我放弃的几门功课却得到了几个 C 和 D。直到今天情况还是这样，对我喜欢的科目，我比自己认识的任何人都要努力，而对于其他功课，结果也始终并不理想。

我大学生涯的另一件与众不同的事情就是，在我安顿下来以后，我发现如果不努力的话，许多科目（尤其是我喜欢的那些科目）就很难拿到较好的学分。在仔细研究了这里的课程表以后，每个学期我都会尽可能地多注册一些课程。从第一个学期开始就是这样，而且我还需要在原来的那所社区学校上另外一门新课。这时，我突然产生了一个念头：在这所本科院校，我所注册的课程已经达到了上限，所以不可能再注册更多，但是，没有规定我不可以同时申请加入其他学院。

> 大学就像养老院，而且事实上，更多人死在了大学里。（鲍勃·迪伦）

于是，我又在其他学院进行了注册，每个学期都有越来越多的课程——在本科院校、社区大学、另一所社区大学以及通过函授方式联系的第二所本科院校。所以，每个学期我都可以得到 40 个学分，在大学二年级时我就拿到了两个学士学位。当时，与我在同一所高中就读的那些朋友们才刚刚按部就班地开始他们的大学一年级生活。

对于这段大学生活，我没有什么感到懊悔的地方，但与此同时，我对于自己能够按照这种方式学到真正的知识也不抱太大幻想。在大学里，我学会了怎样在考试中蒙混过关、怎样尽快背下课本上的内容(然后再尽快忘掉)，怎样让自自己看起来很棒。不可否认，这些技巧无论是在大学还是在社会上都很重要，但是，当你想要创造任何具有真正价值的东西时，它们就会成为你的障碍。

几年以后，我在西非从事的义务工作即将接近尾声，我很想知道自己是不是错过了什么事情。作为一名志愿者，虽然我成了国际发展领域的一名管理人员，但当时我并没有受过太多的训练。于是，我计划在次年返回国内，并且申请了华盛顿大学国际研究生院的硕士学位。在招生简章上，我注意到利比里亚境内没有开设可以参加该校入学考试的地点。“我们首先要致力于裁军，然后要寻找饮用水，接着是接通电源，最后才可能去考虑参加标准化考试的事情。”我这样写道。此外，华盛顿大学是我申请的唯一一所院校。虽然报考这所学校的学生大都申请了几家院校，但我认为自己的这种做法更能明确地表示自己将全力以赴，并且一旦被录取，我一定会前往该校。

这听起来或许像是一场赌注，也许真是这样，但我更希望把它当做自己对未知风险的精确计算。因为我知道，如果真的参加入学考试，同那些经过传统教育的学生比起来，自己只会输得很惨。更何况，我不仅数学成绩不好，离开学校也已经五年之久。因此我认为，如果自己能够有较好的理由说服招生人员不让自己参加考试，其结果肯定要比按照传统的申请方式参加中规中矩的入学考试要好。出人意料的是，这场赌注大获全胜，我不仅拿到了录取通知书，还获得了 2 000 美元的最高奖学金。虽然我觉得这颇有点讽刺意味，但还是高兴地接受了。

因为我曾经在两年之内就匆匆读完了大学，而且又躲过了研究生院的入学考试，所以我猜，等到秋季入学时，自己很可能会落在其他同学的后面。情况果然不出我所料：其他学生的满口术语我从来都没有听说过，教授一再提起的专业书籍我也根本就没有读过，因此第一个学期我的论文成绩不仅低于平均分，而且上面还画满了红色的笔迹。

但是，就在第一个学期结束以后，我忽然醒悟了过来。于是，我再次尽可能多地注册自己喜欢的课程，并且在第一学年就开始着手撰写毕业论文。两个学期以后，我的 GPA 达到了 3.8 分，可以继续申请读博士。[①]然而当时我就已经做好了下一步的打算，我没有参加毕业典礼，而是只身前往印度旅行。等到我返回国内时，毕业证已经通过邮件寄到了我住的地方。

① GPA 的全称是 Grade Point Average，即“平均成绩点数”，一般是将每门课程的成绩乘以学分，加起来以后除以总的学分得出平均分，满分为 4 分。——译者注

为什么我要放弃继续深造的读博机会

这个故事与我在学业上取得的进展没有任何关系，而是对我在研究生院里学到的东西和我在学习期间通过网上写作成为某个领域专家的经历进行比较。如果说研究生院的目标是为了让学生从事更加高级的行业做好准备，那么我们很有必要探讨一下自己还有哪些其他选择。

像平时一样，在 2008 年的第一个学期里，我进行了很多不同的活动，比如进行马拉松训练，前往十几个国家旅行，履行自己作为某非营利性机构会员的义务以及其他许许多多有意思的经历。其中最重要的两件事情是：

★ 完成了自己在华盛顿大学的硕士学业。

★ 建立了“不顺从的艺术”(the Art of Non-Conformity，简称 AONC）官方网站，并在博客圈里享有一定的声誉。

在完成上述任务以后，我面临着这样一个抉择：是继续在美国东岸地区深造以拿到博士学位，还是在太平洋沿岸西北部地区专心从事写作？我最终选择了后者，接下来我会告诉你其中的原因。

这要从我的学位论文说起。我曾经注意到，读过自己学位论文的一共只有三个人。虽然其中的每一个人都对这篇论文进行了褒奖，但是这个读者的数量实在太有限了。与此相比，同一时期我在网上发布的一篇文章在随后的六个月中有超过 10 万人下载(即使没有全文阅读，至少也会扫上几眼)。

这一经历让我认识到，我在网上从事写作对这个世界产生的影响要远远大于继续深造所产生的影响。我知道，有人也许会说对这种对比提出质疑，那就请你接着读下去，我会在本站结束之前给出自己的答案。现在，我们还是先来看看下面这个表格。既然学者都喜欢把某一事物进行逐条分析后再进行对比，那么我们就如法炮制，对其中一些因素进行深入分析。

研究生院VS博客圈

	成为专家的传统方式（读研究生）	成为专家的另类方式（写博客）
经济成本	3.2万美元	每月8.95美元的托管费（或第一年全部费用共计5 000美元）
写作时间	40～50小时（论文）	30～40小时（文章）
读者人数	3名	10万名次以上
读者反馈	3名读者评价“很好”	来自世界各地的成千上万条积极评价
同行数量	每年63.1万人	少于3 000人（LifeRemix网站仅为22人）
专业认可	成为某一领域的中高级专家	得到社会上许多人的广泛认可
专业领域	非洲的治理与发展	人生、工作和旅行
时间安排	花在无益工作上的时间占70%	花在无益工作上的时间只占10%～20%
最终成果	一张学位证明	大量读者、演讲邀请、相关副业、约稿不断

经济成本。在我就读的五个学期里，我一共向华盛顿大学杰克逊国际研究生学院支付了大约3.2万美元的学费。这还不包括书本费（在我学会使用校内图书借阅系统之前为每个学期300美元）和其他与获得学位有关的费用（一台新电脑、学期论文和学位论文的打印费用、几加仑咖啡等）。由于我提前一个学期毕业，所以还为自己节省了第二年春季一个学期的学费4 000美元。此外，因为我缴纳了3.2万美元的学费，所以可以免费搭乘校车和使用健身器材，平心而论，这两者我都十分需要，而且对此十分感激。

就个人网站而言，我每月需要缴纳8.95美元的托管费。一开始，我使用的是免费下载的Wordpress主题。一天早上，两位从事摄影的朋友帮我在西雅图拍摄了不少照片，而费用只需要一顿午餐。接下来，我花了三个月的时间充实网站的内容，以后的事情就轻松多了。

随着网站点击率的不断攀升，我在设计升级和增值服务方面（上传视频和邮件服务等）需要进行额外支出。但我之所以会进行这方面投资，是因为通过前期的成功经验，我对网站升级改造后的收入作出了乐观的预期。合计下来，第一年的所有费用约为 5 000 美元——虽然略高于每个学期的学费，但这笔资金很快就可以周转回来。

写作时间。我花在撰写和修改 60 页的学位论文和 29 页的在线文章上的时间大体相当。但是根据指导教授的意见，我在最后一刻再次对自己的学位论文进行了修改，这个时间大约为 10 小时。

读者人数。在经过长达 40 小时的努力之后，我的硕士学位论文一共只有三名读者。虽然我还有机会在研究生院的期刊上发表这篇论文的节略版，但是这篇论文的读者十分有限，而且必须经过专业培训才能够读懂。从华盛顿大学毕业以后，我一度忙于自己新网站的建设，所有抽不出时间发表自己的这篇论文。

相比之下，我在网上发布自己的第一篇文章以后，前六个月的下载量就达到了 10 万人次。这篇文章的读者来自全世界 120 多个国家。两年以后，其下载量仍然保持在每天 50 ~ 100 人次以上，但我那篇题为《论利比里亚战后的治理和稳定》的毕业论文却仍然存在我的旧笔记本电脑里，且一直没有人打开过。

读者反馈。在讲解完自己的学位论文以后，有人告诉我顺利通过了。这虽然是一条好消息，但对我说这话的只有三个人，而且从此以后我再也没有听到他们其中任何一个人提到过这篇论文。即便论文真的写得很好（的确得到了较高的评价），可以肯定的是，并没有产生太大的影响。

相比而言，当我在网上发布自己的文章以后，很快就收到了来自读者的成千上万封电子邮件和在线评价。在读过这篇关于主宰世界的网上宣言以后，许多人作出了截然不同的人生选择。经常有读者来信告诉我，他们辞去了工作，改变了职业，创办了慈善机构，摆脱了糟糕的人际关系，开始周游世界，以及其他各种各样打破常规的举动。我并不认为自己的观点是导致他们采取这些行动的唯一动力，但毫无疑问是促使他们行动起来的一个重要因素。对于我来说，知道这一点就足够了，而这种反馈也正是激励我笔耕不辍的主要原因。

同行数量。就像读者的人数可以用于衡量一篇文章的影响力一样，同行的数量同样可以用于判断你在这个世界上的位置。仅在美国，每年就有大约63.1万个学生完成了自己的研究生学业。这样算来，美国约有9%的人口都拥有硕士及硕士以上学位。也就是说，这一学位只能算是相对出色，但肯定不是绝无仅有。

不过，想要界定自己在网上的同行数量并不容易。虽然有数以百万计的人在写博客，但绝大多数都是兴之所至的随意创作，而且内容大都与个人有关。根据Technorati[①]的统计，我的AONC网站位于世界前3 000名之内。虽然这个排名也许只是一家之言，但客观地讲，我作为一名作家的影响力肯定要比作为一个硕士的影响力大得多。

此外，我还是LifeRemix网站的会员。该网站集聚了不少多产作家，其中最受欢迎的博客包括格雷琴·鲁宾的“幸福计划”（Happiness Project）和利奥·巴伯塔的“禅意生活”（Zen Habits）等。我也因此结识了不少享誉甚高的同类作家。在LifeRemix网站上，我只有21位同行，后来他们几乎都成了我的好友。对于一个只有22人的群体，或者说一个只有3 000人的群体来说，其影响力肯定要远胜于一个由全美9%人口组成的群体。

专业认可。我的硕士专业是国际研究，其重点是非洲的发展和公共事务管理。虽然这些话题十分重要，但研究这方面内容的同行大有人在。要想在这个领域内独树一帜，需要数年甚至数十年的深入研究，并且发表更多只有少数读者的论文才行。

我的个人网站主要致力于“人生、工作和旅行的非传统策略”方面的写作，我成了上述领域内另类观点的专业人士。每天都有数以百计的读者写信给我，询问自己该加入哪些活动项目、如何投诉亚洲“任天堂”游戏公司的数据服务、如何创办微型企业及其他各种各样的话题。虽然我始终认为任何人都不应当以导师自居，并且相信每个人都具备自己获取信息的能力，但我很乐意随时随地为他们提供帮助。

---

①Technorati是一个由Dave Sifry创建的实时博客搜索引擎。——译者注

时间安排。在研究生院的经历告诉我，学会如何取悦他人要远比学会如何做好自己的工作重要。在这本书的一开始我就提到过，为了获得学位证书，约有 80% 的课程和活动都没有任何长久的价值。根据我每天听到的其他同学的评论来看，这种经历在大学中非常普遍。

与此相反，在我进行网上写作时，约有 80% 的活动都具有长久的价值。不可否认，我不能说自己在写作过程当中没有任何效率低下的时候，因为有很多事情都是按照缓慢的人工方式进行的，所以有些过程完全可以加以改进。但是，对于我在 80% 的时间里所从事的活动都与自己的整体目标——按照自己想要的方式生活并对他人给予帮助——息息相关，对此我感到非常满足。只要这个标准不低于 80%，我想自己完全可以接受。

最终成果。在华盛顿大学待了五个学期以后，我在邮箱里收到了一张设计美观的毕业证。除此以外，没有人告诉你该如何开创自己的事业。相比之下，网上写作却为我打开了一扇自主创业的大门。新西兰航空公司专程邀请我前往南太平洋地区，对其中一个航站点进行描写。此外，我的著作还散见于 CNN、《商业周刊》《纽约时报》以及其他诸多一级刊物。

现在你正在读的这本书也是我在写作方面取得进展的成果之一。每隔一段时间，我就会接到一些新的邀请，包括出国旅行、发表演讲、为一些杂志撰写文章等。从这个角度来说，我在研究生院的经历根本无法与我自主创业的经历相提并论。这种做法也许并不适合每一个人，但却很适合我。毫无疑问，我已经找到了自己最好的选择。

不用花大把的金钱和时间也能获得研究生资历

一说到学习，人们就会联想到高等教育。就个人而言，我十分看重学习，但正式教育并不能够完全等同于学习。如果你的目的是学到某些东西，而不是为求职做准备，那么你完全可以打破常规自己学习。

是的，这里也有例外的情况。如果你想成为一名教师，并且在学术圈里进行发明创造，那么你很可能需要一个较高的学位。如果你想成为一名医生，我猜你也大概不会拿着一本“初学者入门教程”就给人开膛破肚。但这些例外情况少之又少，在大部分情况下，我们都能依靠一种更加快捷经济又简单的方式让自己成为某个方面的专业人才。

如果你非常看重学习，但却又不喜欢支付昂贵的学费或应付堆积如山的作业，何不创造一条依靠自己掌握知识的学习途径呢？下面这个《自我主导的非正式一年制研究生教育计划》就是专为渴望知识而好学的你量身定做的。

自我主导的非正式一年制研究生教育计划

★ 在网上订阅《经济学人》杂志，认真阅读每期内容。（成本：97 美元；耗时：每周 60 分钟。）

★ 记住世界上每一个国家、首都、现任总统或总理。（成本：0 美元；耗时：每次 3 ~ 4 小时。）

★ 前往包括非洲和亚洲等地在内的世界主要地区旅行，可以购买一张环球机票，或使用航空里程积分。（成本：不固定，可暂定为 4 000 美元。详细情况可参考本书结尾附录 C 中的网络资源。）

★ 阅读世界主要宗教派别的经文：《摩西五经》《新约全书》《古兰经》以及佛教教义。到教堂、清真寺、犹太教堂和寺庙参观。（成本：可以从网上下载免费资料或通过邮寄花费 50 美元；耗时：20 小时。）

★ 在网上注册一个外语学习教程，每周五天，每天听 20 分钟，坚持一年。每周参加一次当地的语言俱乐部进行口语练习。（成本：0 美元；耗时：87 小时。）

★ 在国外驻留或者长期旅行期间，通过 Kiva 小额贷款机构向某个企业家贷款，并抽时间前往拜访。（成本：很可能为0美元，因为98%的贷款都可以如数偿还。）

★ 在一年当中至少掌握三种新技能。建议：摄影、跳伞、程序设计、武术等。关键不在于成为这些领域的专家，而在于有备无患。（成本：不固定，但学习每项技能的花费不会超过大学里拿到三个学分的费用。）

★ 至少阅读30本非小说类作品和20本经典小说。（成本：750美元，如果能够有效率地利用图书馆资源，此成本可能更低甚至为零。）

★ 在进行严格自学的同时，加入一个体育馆或者健身俱乐部以保持体形。大部分大学生在缴纳3.2万美元学费以后都可以免费使用这些设施，当你独立自学时，只能自掏腰包。（成本：每月24～75美元。）

★ 熟悉项目发布和公众演讲的基本技巧。参加当地适合初学者的演讲俱乐部，从而获得积极的、系统的帮助。（成本：每次25美元；耗时：每周2小时，坚持10周。）

★ 建立博客，制订发文计划，第一年严格按照该计划执行。你可以在WordPress.org网站免费建博。小提示：不要打算每天写博客。一开始可以每周或每两周写一次，三个月以后，如果你对此仍有兴趣，就可以适当提高发文速度。（成本：0美元。）

★ 将 http://en.wikipedia.org/wiki/Special:Randompage（维基百科网站随机网页）设为主页。这样，每当你打开浏览器时，就可以看到维基百科网站随机提供的不同网页，并且阅读网页上的内容。（成本：0美元）

★ 在iTunes上收听“语法女孩”（Grammar Girl）节目，买本安妮·拉莫特的《群鸟相依》(*Bird by Bird*)，开始学习写作。（成本：“语法女孩”0美元，《群鸟相依》14美元。）

★ 可以不读《大不列颠百科全书》，但要读一读A.J.雅各布的《百事通先生》（*The Know-It-All*），后者相当于前者的缩

略版。(成本：15 美元。)

成本合计：不超过 1 万美元。

* 上述计划的总成本里没有包括住房和食物，但无论你是在美国还是在加拿大接受传统学校教育，学费同样不包括这些项目。更何况这种教育模式能够为你带来自由和独立，并且不收学费。

如果你能够按照上述方式完成自己的研究生教育计划，那么你所掌握的内容几乎可以媲美那些花费数万美元接受正式学校教育的成千上万名学生。除此以外，你所获得的社会经验甚至与课堂里教授的社会科学或人类学知识不相上下。

当然，如果你感兴趣的领域发生了改变，你随时都可以对你的学习计划进行修改。如果你喜欢文学，不要读完 50 本书就作罢，而是应当读 100 本或者更多。如果你喜欢程序设计，那就不要只写博客，而是多学一些这方面的专业知识。几乎所有的大学都在网上列出了开设课程的相关资料，而且在有些情况下，你甚至可以看到与付费学生同样完整的内容。这时你不妨把自己感兴趣的教学大纲下载下来，然后通过音频资料收听专业教授的讲课。[①]

你还以为读研究生就能搞定一切吗

据我所知，对于这种非正式的研究生教育项目或自学活动的反对意见一般不外乎三种，针对这三种不同的看法，我将竭尽全力在下面的内容中予以解答。

最后拿不到毕业文凭。没错，如果是你自学成才，你就不可能拿到那张设计美观的毕业文凭，作为认可你学习成绩的外在证明。假如你非常在意贴在墙上的这张证明或者个人简历上的几行说明，为了得

①有时候，某些学校的课程资料只对注册过的学生开放。如果你想得到这些资料，可以在CraigsList分类信息网站或者推特微博上留下一个简短的帖子，也许会有热心肠的学生向你伸出援手。

到这些，你就必须心甘情愿地付出生命中宝贵的一年甚至更长时间。否则你就该放弃文凭，继续开展你的人生。

对求职就业没有帮助。为了获得硕士学位，我一共花了 3.2 万美元的学费，其中不包括任何就业帮助。但我对这一点并不介意，因为我有能力自主创业，所以那些期望过高的同学往往会对此感到失望。如果你选择继续接受高等教育，一定要弄清在学业即将完成时自己会获得哪些就业帮助。如果某所大学设有就业办公室，并不意味着他们就能发挥多大作用，也许他们只会帮你把简历投递到某个人力资源网站，或者只是往校园里邀请几家招聘公司。

不能经历校园生活。最后，表示反对自学的人们还会说，如果不能与其他学生一起进行系统的学习，你就无法获得集体经验，也无法从他人身上获益。这种看法也许不无道理。然而事实是，我发现按照学校要求从事的大部分活动只是为了维持这一体系的持续运转，只有少数活动才是真正有益的，所以在我看来，其他学生的经历应该与我的没有太多不同。我也喜欢结识新人，与大家相互督促、共同奋进，或偶尔从教师那里学到一些东西。

不过，我认为这里最重要的问题是，“这种经历究竟价值几何？”“我们是否可以通过其他渠道获得这种经历？”第一个问题显然因人而异。虽然每个人都有自己不同的看法，但我认为这种经历也许抵得上我付出的学费，不过现在看来却没有必要。虽说拿到硕士学位后按照常规方式就业取得的成绩很可能无法超过我从事写作带来的成功，但对于那 3.2 万美元的学费，我并不感到懊悔。

然而从那以后，虽然我经历了形形色色有意思的事情，花费却显然要少得多。我生性内向，却与世界上成千上万同样个性的人取得了联系。其中大部分人都是通过网络结识的，如果我们有机会见面，通常都会接着上次的话题继续聊下去。从曼谷到明尼阿波利斯，我曾经前往将近 20 座城市与读者见面。无论是去纽约、洛杉矶、温哥华这样的大都市，还是前往其他一些小城市，我总能找到不少与自己意气相投的人。

简而言之，我找到了一条既可以按照自己喜欢的方式工作，同时又可以建立广泛社会关系的途径。这些经历让我获益匪浅，而且也用不着每个学期缴纳 6 000 美元的学费，我可以把这笔资金用于从事在我看来更加重要的事情。关于这一点，我们会在本书旅程的第 7 站和第 9 站中继续讨论。

这是你的人生，选择在于你自己

当你在某件事情上投入了大量的时间和金钱时，你一定要首先弄清能够从中得到什么。有几位研究生院的朋友一致认为，考虑到自己最终获得的收益十分有限，他们花在象牙塔里的时间实际上是一种赔本的投资。当然，也有一些学生不仅对此不以为然，也不打算作出任何改变。正因如此，无论是接受正规的高等教育，还是进行非正式的自学，完全取决于你自己的选择。

请记住

★ 将你接受的教育与学业结束后自己想要从事的工作联系起来。

★ 无论是读研究生还是进行其他形式的学习，都不应当作为一种逃避人生的方式。如果你选择继续深造，一定要有充足的理由。

★ 大多数高等教育主要是教你如何看起来很好。这虽然是一种基本技能，但是，当你进入大学以后，也许还能从中学到其他一些东西。

★ 无论你怎样看待大学教育，采取一些其他的学习方式同样可以让你增长知识。

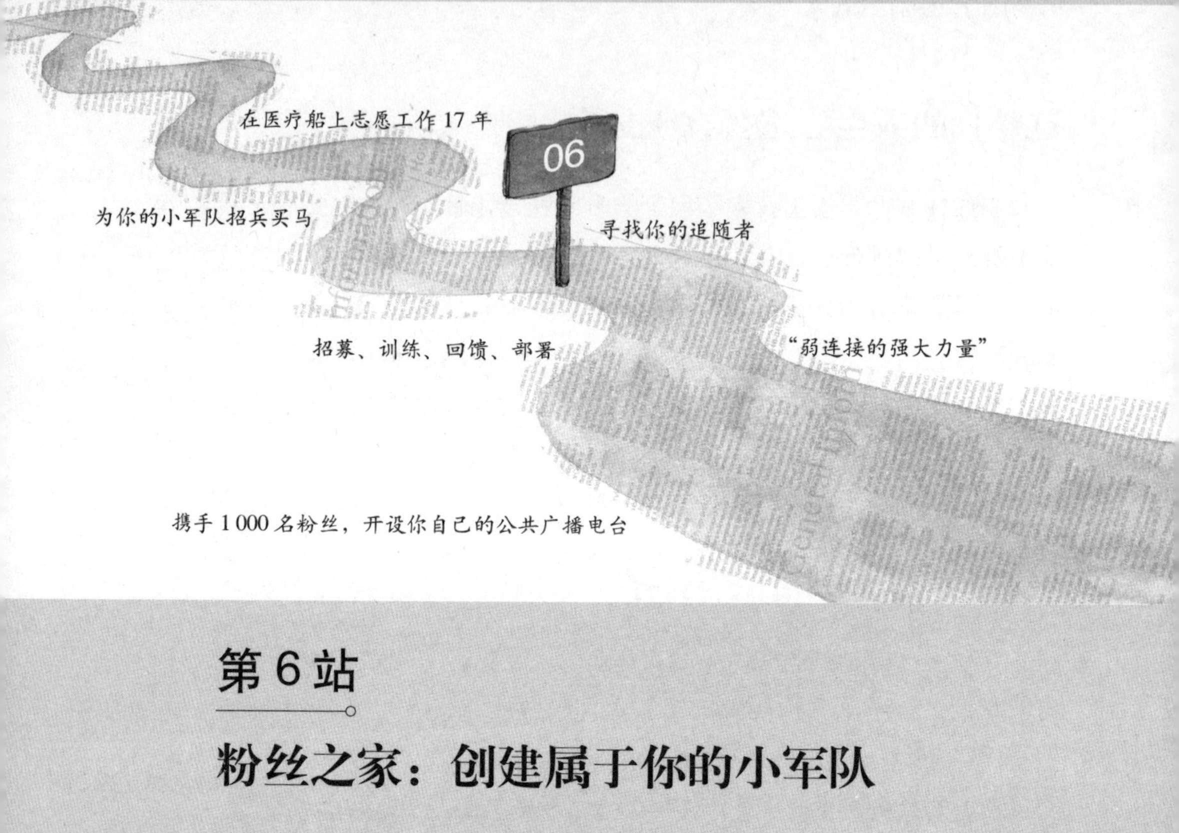

在医疗船上志愿工作 17 年

06

为你的小军队招兵买马

寻找你的追随者

招募、训练、回馈、部署

“弱连接的强大力量”

携手 1 000 名粉丝，开设你自己的公共广播电台

第 6 站

粉丝之家：创建属于你的小军队

我认为，领袖的职能是促使人群中产生更多的领袖，而不是更多的追随者。（拉尔夫·纳德）

放弃富裕的生活，在医疗船上志愿工作 17 年

我们还是先回到本书起点站的故事里。2001 年秋，在“9·11”惨剧发生之后，就像其他大多数人一样，我感到意志消沉并且开始进行反省。就在“双子座”倒塌之前的几天，我还待在曼哈顿南部。因此，这一事件自然而然地让我开始反思有关人生价值的问题以及我究竟能对这个世界作出什么样的贡献。

当时，我每天上午做兼职工作，晚上与当地的一些乐队演奏爵士乐。这两种工作我都很喜欢，而且总是乐此不疲，但我经常会想，“人生绝不会仅此而已。”一天晚上，我在网上读到的一则消息说，塞拉利昂爆发了一场可怕的内战，致使整个国家都变成一座废墟。在此前的整整 10 年中，叛军和政府军队之间发生的激烈冲突给这个国家和当地人民造成了巨大的损害。

> 如果你的行动能够激励他人梦想得更多、学到得更多、付出得更多、变得更加高尚，那么你就是一名真正的领袖。（约翰·昆西·亚当斯）

后来，我读到了有关加里·帕克博士的事迹。他曾经只是一个来自加利福尼亚州的整形医生，却毅然放弃了收入颇丰的职业，前往西非做义工。很多医务人员来到穷乡僻壤从事义工服务只会短暂停留，但加里的经历却截然不同：他住在一条医疗船的一间小船舱里，一待就是 17 年。他没有选择在圣芭芭拉市做拉皮手术，而是选择了医治那些由于肿瘤和战争而变得面目全非的人们。

我一边读着加里的故事，一边不禁在想：如果一名外科医生能够放弃在加利福尼亚的生活，整整 17 年间都生活在战火纷飞的国家，我至少应该过去看看那里究竟发生了什么。加里无私的精神深深地感

染了我，所以我希望我也能够参与其中。“9·11”事件发生之后，我始终感到十分茫然，但我看到了这样一个机会，那就是转而关注那些比自我更远大的事情，从而走出消沉的情绪。

几个月以后，朱莉和我离开了我们在国内舒适安逸的生活，一起搬到了非洲。我们先是来到塞拉利昂，然后住在了加里、苏珊夫妇和他们的孩子居住的那条医疗船上。在接下来的四年里，我们先后辗转于八个非洲国家。那段时间的经历对我产生的影响要远比我在大学和早期创业期间学到的任何东西都大得多。对我来说，加里就是一位值得追随的领袖，所以我满腔热忱地加入了他领导下的义工队伍。

为什么你需要一支自己的小军队，谁会支持你

也许你并不打算前往世界的某个角落做四年没有报酬的工作，但如果你已经读到了这里，那么你很可能已经下定决心想要在某个阶段内实现一个较大的目标。无论这个目标是什么，你都会发现在这个过程中可能会需要他人的帮助。如果你想成为一名职业艺术家，那么你就需要追随者和赞助商对你进行支持。如果你的计划是某种形式的自主创业，那么你就需要一批忠实的客户，从而保证你能长期获得稳定收入。即使你的目标非常个人化，比如著书立说或周游列国，如果你能够组建一支属于自己的队伍，同样也能从中获益。

伟大的代价是责任。（丘吉尔）

人们为什么会心甘情愿地追随你呢？因为他们对你的事业坚信不疑，因为你的事业能够给他们带来帮助。事实上，如果你能够拿出一个站得住脚的理由，大多数人都会终身对你不离不弃，在你完成了一个目标或接着追求另一个目标时继续追随你的脚步。在这一站，我们就来看看怎样建立起一支由自己的盟友和追随者组成的小军队，怎样改善他们的生活以及怎样让你的小军队有效运转，并为你提供帮助。在接下来的内容里，我们将会逐一探讨上述几个过程。但首先，我需要在此发布一个重要的免责声明。

免责声明：我将在下文使用“领袖”和“追随者”两个词语，但我希望说明一点，那就是这种关系并非总是单向的。领袖与身份没有任何关系，而是与他的影响力息息相关。如果你想要成为一名领袖，永远不要忘记你的追随者都是对你作出贡献的活生生的人。作为一名领袖，无论你最终会走向哪一步，一定要记住，你的追随者不只是一个简简单单的数字。

一般来说，你的小军队可以由五种人组成，他们各自以不同的方式与你产生联系。

潜在的追随者。他们可能听说过你，并且对你所做的事情感到十分好奇。但是在对你作出任何承诺之前，他们需要一个充分的理由——他们为什么要关心你的事情？为什么要对你所提供的帮助感兴趣？

追随者。他们是小军队的主力军。他们了解你的事业，认为它很吸引人，并且积极寻求与你建立联系。一旦找到你的个人网站，他们就会订阅邮件并且按时浏览。如果你的业务已经初具规模，他们就会定期对你进行投资。他们还会追随其他一些个人或者组织，所以你不是他们注意的唯一目标，但他们关心你的进展，并且希望能够了解更多情况。也就是说，他们已经越过藩篱，来到了你的院内。

忠实的粉丝。他们不仅是你的追随者，而且还会对你作出积极的回应。一般来说，他们在你的小军队中占2%～4%，他们对你的成功作出了不可磨灭的贡献。他们会在演唱会上为你呐喊助威，在体育比赛中为你加油欢呼，在自己的博客上对你进行评论，并且时刻期待着能够听到他们心目中这位英雄的任何消息。当一位音乐家发行了一张新的专辑，她的忠实歌迷绝不会等到有关乐评出炉以后才去购买。事实上，无论你通过何种形式开展了自己的业务，他们都会买下你出售的所有东西。

盟友。他们是一些与你有着相同想法并且在类似领域独自打拼的个人。他们既是你的同行，其中有些人也可能是你的追随者或忠实粉丝。你们正朝着同一个方向迈进。

朋友的朋友。他们是小军队的延伸部分。当你需要就某件事情获得特殊的帮助时，你不一定会知道向谁求助，但你认识的某个人很可能会帮助你找到这样一个人，并且为你牵线搭桥。

需要注意的是，这五种类别之间的界限并非十分清楚。比如，你可能既是一个追随者（甚至是一名忠实的粉丝），又是一个盟友。当这些人在与你和生活中的其他人进行交往时，有时候他们会在这五种类别之间相互转换。因此，对你来说，重要的不是谁属于哪个类别，而是把精力用在招募和维护自己的小军队上，好让他们能够发挥效用。

三个步骤启动你的小军队计划

在大部分情况下，对小军队的招募和维护活动可以分成三个步骤。这三个步骤相辅相成、密不可分。在某些情况下，这几个步骤可能同时发生。为简明起见，下面我就来对每一个步骤进行逐一阐述。

步骤 1：为你的小军队招兵买马

无论是电子邮件、手机短信、社交网站和传统媒体，还是面对面的交流，总有一种方式更适合你。如果你想要引起人们的注意，就需要搭建一个自抒己见的平台，向来访者说明为什么要关注你，然后为鼓励潜在的追随者参与其中营造一个温暖友好的氛围。

搭建个性平台。无论你准备做什么事情，都需要借助某个平台才能号召他人响应自己。在阿金库尔战役中，英王亨利五世的军队以寡敌众，最终击败了法国军队。按照莎士比亚的说法，亨利五世跳上一辆干草车，向英军发表了一场激动人心的演说，从而使得士气大振。他们要在泥潭中面对的是五倍于己的敌军，但正因为亨利五世创造性地利用这个平台鼓舞了士气，才使得这支“兄弟连”扭转乾坤，最终大获全胜。

所幸的是，今天的军队既不需要再使用干草车，也不是每一场战争都在泥泞的沼泽中展开。自从互联网问世以后，我们完全可以通过各种不同类型的网站和精心开发的用户清单为自己搭建平台。这些网站包括博客、论坛、播客、社交网络，或者其他新的媒介。对于善于沟通的人来说，他们往往会通过不同途径，并采用至少两种以上的方式对自己的追随者发表演讲。

说明关注理由。在搭建了一个有效的平台以后，接下来你要做的就是挂牌开张，让全世界的人都知道你在寻找什么样的帮助。那些闻讯而来的人就是你潜在的追随者，但他们不会在这里停留很长时间。因为在他们的身边有各种各样的资讯在不断吸引着他们的注意力，所以大多数人在驻足观望后会迅速作出决定，要么留下来支持你，要么转向其他更加引人注目的地方。

为了能够让这些潜在的追随者停止观望并转变为真正的追随者，你需要把重点放在他们提出的问题上，并为他们解释其中的原因。当我们想要了解一个新人、一个陌生的机构或一本新书、一个网站时，我们经常会提出这样的问题，“我为什么要去关心这些？”换句话说，“这对我有什么好处？”

仅仅在英语世界，定期更新的博客就已经超过了 1.1 亿个。那么，人们为什么要关注你我的博客呢？仅在巴诺书店的实体店中就存有 12 万本书，更何况我们还可以通过互联网上的经销商得到自己想要的任意一本书。人们为什么要对其中某一本表示关注呢？如果你能设身处地站在这个角度去看待残酷的现实，你很快就会明白是否能够为那些潜在的追随者提供一个充足的理由了。假如你的答案不太乐观，也不必因此放弃，试着改变一下策略。

当我第一次决定创建网站，并且将我周游世界各地的经历记录下来时，我把我的想法告诉了几位朋友。他们无一例外地认为这是一件有趣的事情，但其中有一个立刻产生了上述想法。“这主意听起来倒是很有趣，”他说，“但这对像我这样的人有什么好处呢？”

他的问题让我困惑了好久，因为写游记的人不在少数，而且其中有许多都没有任何价值，所以我想不出其他人有什么理由非要关注我的文章不可。在对这个问题进行深入考虑以后，我意识到，我要做的不仅仅是记录自己周游世界的经历。最后，我在自己网站上发布的内容不仅包括许多游记，而且还有一些关于如何实现远大目标和获得自由人生的话题。当我把追求自由作为自己的首要目标时，我的追随者们既可以像我一样四处旅行，也可以从事那些对他们来说更有意义的活动。也就是说，如果缺少一个充分的理由，无论我正在进行的活动多么有趣，对除了我以外的其他任何人都不会产生太大的帮助。

营造温暖氛围：如果你希望别人参与到比他们自身更远大的事物，或者与他人产生某种互动，并且为此受到鼓舞和激励，你所传达的信息就应该十分明确："加入我们吧。欢迎成为启动我们这个伟大计划的一员，这里还有许多和你志趣相投的朋友们。"

正是这种信息，使我前往非洲做了四年的义工。正是这样的信息，让我们从一个潜在的追随者转变成为任何有趣个人或组织的忠实追随者。同样的道理，只有当你所开创的事业能够让他人的人生变得更有意义时，人们才会奋起响应你的号召。

不过，有一件事你要当心。在那些潜在的追随者对你进行审视时，你不要急于求成，应当保证只把那些合适的人选转变为自己的追随者和忠实粉丝。不要想当然地误以为"所有人"都是你可以招募的潜在目标。有些人不仅不会成为你的忠实听众，而且还会对你的事业造成损害。这些错误的人选会损耗你的精力并分散你的注意力，甚至还会对你施加影响，让你最终放弃。

你想把这样的信息传达给哪些人？记住，一定不是"所有人"。你应该明确界定出哪些人是你的读者而哪些人不是，清楚地告诉那些潜在的追随者，你在寻找什么样的人，并让他们知道，你并非需要所有人都加入你。比如，美国国会议员罗恩·保罗想要吸引的就是那些认为应该大幅精简甚至完全关闭联邦政府的自由派民众。而实际上，与罗恩·保罗意见一致的人并不多见。因此，如果你能像罗恩·保罗一样发表声明，就能吸引自己真正想要的追随者，同时避开其他不适合的人。

不时地提出一些有争议的看法不仅能帮助你赢得真正的追随者，也能帮你过滤掉与你意见相左的人。我记得有这样一个老笑话，某总统要求雇佣一位只有一只胳膊的经济学家，因为他烦透了那些顾问在表达自己意见之后总会加上一个“从另一面来说”(on the other hand)。之所以会出现这种情况，是因为在有些人看来，不说出真正的想法会比较安全。然而依我看来，即使需要冒些风险，你也要表达出自己的真实立场。

步骤 2：训练和奖励你的小军队

如果你已经有了充分的理由让人关注你，并准备把潜在的追随者转变为真正的追随者，你就要进一步加深你们之间的联系。这时你需要做的就是满足小军队的需求，帮助他们得到想要的东西。为了更好地阐释这一观点，我们首先需要考虑一下对任何追随者来说最为重要的两件东西：激励和回馈。

激励：你为什么会阅读某种类型的书籍，听某个音乐家或某支乐队的演奏？你为什么会一再地浏览某些特定的网站？其中的原因就在于，你从所学到的和体验到的事物中获得了激励。所以，如果你无法激励你的追随者，他们也许会再给你一两次机会，但迟早会转移注意力。当然，他们追随你的原因多种多样，但激励是必不可少的。

激励通常会通过以下三种形式产生：启发、教育和乐趣。当你准备训练自己的小军队时，你需要选取其中一种或者几种，也可根据你的条件和想要达到的目标去创造你的方法。一般来说，最佳选择是综合使用其中的两三种形式，但在这三者当中，只有通过启发才能让你的小军队始终团结在你的身边。

激励这个因素使得个人比大型公司或其他机构更有优势，因为你可以自己做主，从个人角度展示自己的成败。利奥·巴伯塔的个人博客“禅意生活”给我们做了一个完美的示范，他写了不少关于简约生活以及如何实现这一目标的文章。在不到一年的时间里，订阅这个博客的热心读者就突破了10万人，而利奥也从此成为了一个全职博客写手。

利奥吸引大多数读者的地方在于，他从一个普通人的角度直言不讳地表达了他对健康、简约生活方式的向往。利奥创作中的教育成分固然是其中一个重要的因素（其中点击率最高的几个帖子包括，“戒烟的10种方法”和“30天塑造平坦小腹”），但能够启发灵感的个人色彩同样是“禅意生活”广受欢迎的原因之一。虽然我并不吸烟，但当我第一次来到他的博客时，出于好奇心还是打开了那篇名为“戒烟的10种方法”的帖子，因为我想看看他是怎样作出改变的。即使我不是每天都能从利奥的博客上学到新的东西，但每次访问之后我都会感到深受启发。对于他的博客，恐怕大部分读者都有和我同样的感受。

回馈：说到回馈，你大可不必把自己的支票簿藏在抽屉里，不过，你的追随者和忠实粉丝仍然希望能够在其他方面获得回馈——你可以满足他们的某些愿望，定期与他们进行交流，对他们的意见表示一定的认同。如果你在某一段时间内没有对自己的小军队进行回馈，他们就有可能奋起反抗，或更加糟糕——不再注意你的一言一行。

12月初的一天早上，我收到了一个“联合包裹服务公司”（UPS）送来的小包裹。“有意思，”我心想，“我可不记得前几天自己预订过什么东西。”包裹里是一个崭新的iPod，原来是那一年我联系过几次的一家商业印刷公司寄来的谢礼。虽然我经常收到其他商人寄来的节日贺卡，但这家印刷公司居然送给我一台iPod。接下来发生的事情可想而知，在收到这个出乎意料的包裹之后，我与这家公司的业务联系变得更加紧密了。

当然，你不需要送你的小军队每人一台iPod（尽管这会让你在他们心目中留下极为深刻的印象），但如果你能够通过自己的方式给予他们意想不到的回馈和认同，你与你的小军队之间的联系就会变得愈加牢固。作家杰克·肯菲尔德建议我们每天都要写下三张私人便条或三封感谢信。有些人也许会认为这是一种过时的做法，因为现在绝大部分人都在使用电子邮件，然而事实却恰恰相反。一张私人便条，尤其是出人意料的便条，几乎无一例外地会让收信者十分感动。

其关键在于出人意料。我很少会去注意某些公司寄来的节日贺卡，但一家小型企业送来的 iPod 绝对让我意想不到。同样的道理，在大部分人都是通过电子邮件联系我的时候，如果某位网上读者给我寄来了一张真正的贺卡，一整天我都会觉得十分快乐。

步骤 3：向你的小军队寻求帮助

只有当你吸引了潜在追随者的注意力，成功地将他们转化为你的追随者或忠实粉丝，并且通过某种方式不断加深了你们之间的联系，你才能够向他们寻求真正的帮助。从理论上来讲，你可以先从小事开始，比如加入联系人名单、确认自己的邮件订阅、协助完成调查等。不过，如果你需要的帮助超出了这个范围，就必须在你们之间建立牢固的联系，让他们相信你值得他们给予更加重要的协助。

当你做好上述准备后，小军队究竟能够为你做些什么？你该如何向他们寻求帮助，让他们起到应有的作用？接着我们就来看看以下五种不同的选择。

帮助你扩大宣传。对于一个追随者来说，他们能够作出的最为基本的承诺就是对你的事业进行宣传。每一个追随者都有自己的交际圈，因此他们能更加有效地把相关信息传递给自己认识的人。当他们对你的工作或人格表示认可时，他们的朋友及追随者就会开始注意到你。

如果你是一名作家，你可以请求读者帮助你宣传自己的新书、故事、文章或者博客。但你提出的请求一定要内容明确，不要只是说“请把这些告诉更多的人”，而应当说“请把这些告诉其他三个人”，或者，“请把这个帖子转发到你最喜欢的社交网站上。”如果你是一位视觉艺术家，需要借助美术厅或咖啡馆这样的地方展示自己的作品，那么你要请求的就是让更多人加入到其中。你可以借助自己的优势建立“弱连接”（详见下文），从而找出哪些人能够为你联系上一个你自己难以接近的声望更高的美术馆。

如果你是一个演说家、教师或咨询师，你就应该不断丰富你的个人经验，因为只有这样才有公司或项目策划人来邀请你。即使你只是一个新手，如果你能够让你的小军队了解你的意向，就仍然有可能取得成功。你也许需要做些无偿工作，等到你积累了一定的经验，有人愿意推荐你时，你就可以进一步寻求他们的帮助，并争取到更多有报酬的机会。

帮助你获取联系。寻求帮助的另一种选择就是与小军队中的第四组和第五组联系，即你的盟友和朋友的朋友。记住，你的盟友是和你处于同一战线的，他们必然面临同样的挑战，所以在这个领域当中，他们很可能认识许多你还不曾结识的人。

你应当尽快与你潜在的盟友取得联系。当你发布了某个新项目之后，要主动把自己介绍给对你产生影响的人和这个领域当中的所有人。告诉他们你正在从事的活动，以及他们的工作是如何激励你向前迈进。要竭尽全力地协助他们而不计报酬。在这个阶段，一定不要试图向他们推销你的产品或请求援助，而是要努力和他们建立某种联系。

关于社会交往，一件有趣的事情就是，大多数人都喜欢介绍自己，并且希望与他人建立联系。其中最有意思的一点或许就是，有时候你的追随者往往会比你认识的那些人发挥更大作用。这是因为，有一种社会现象我们可以将其称之为“弱连接的强大力量”(strength of weak ties)。详细信息可以参考本书附录 C 中的网络资源，但在这里，你需要知道，**所谓“弱连接”，就是指那些你不认识但你的朋友或盟友认识的人。**

强连接 = 你直接认识的人

弱连接 = 你通过某种关系（朋友的朋友）认识的人

有趣的是，尽管你通过某种关系与他人建立的联系是一种“弱连接”，但如果你们的介绍人是一个双方都非常信赖的朋友，那么你们的这种关系就会立即得到强化。在你招募小军队时，你认识的某个人很可能会清楚地知道怎样帮助你与你需要结识的人取得联系。

为你提供资金援助。随着时间的推移，当你逐步建立起自己的小军队时，即使你的目标不是经营一家企业，你的追随者也会为你提供资金上的援助。《连线》杂志（*Wired*）前主编凯文·凯利曾经在网上发表过一篇著名的文章，他认为，如果一个音乐家、乐队或者其他艺术家只要有1 000名真正的追随者，就很可能拥有很好的收入。要知道，那些真正的追随者可能买下你出版的任何一种产品。他们会不远千里来参加你的演唱会，在各大网站对你的作品发表积极的评论，站在你的立场上与他人进行辩论，并且反复向自己的朋友提起你。

这一模式实际上是过去艺术传统模式的一种演进，即个人艺术家需要有懂得欣赏其作品的赞助人进行支持。在过去，一位艺术家很可能只有一位支持自己的赞助人，从而让他有可能对艺术进行矢志不渝的追求。作为一名艺术家，如果你能够构建一支由1 000名粉丝组成的小规模军队，那么你就不需要再依赖某个人对你的支持。当然，在你的整个艺术生涯中，有些追随者不可避免地会退出，但只要你能够维持一定的规模，他们就会为你提供源源不断甚至越来越多的资金援助。

帮助你扩展业务。如果你的小军队运转恰当，随着时间的推移，就能吸引越来越多的潜在追随者、客户（粉丝）和积极回应的客户（忠实粉丝）。如果其中每一组追随者都达到了一定的基数，你就可以采取措施，并且在这个基础上不断扩展你的业务。

在忠实粉丝对你的支持下，你可以建立一个能够增加月收入的连续性项目，并且创建一个从初级产品到高级产品的漏斗型通道，以便更好地服务与你处于不同关系阶段的客户。最重要的是，你可以将重点从销售产品转向给予他人帮助和灵感，从而重新定义你们之间的对话关系。除了推销你的产品以外，你应当更关注如何解决问题。只有这样，你才能够减少人们的怀疑，建立起更多的信任。

我们不妨举个例子，先来看看公共广播和电视台是如何运转的。如果你收听收看过公共广播和电视台，那么你一定知道这些内容不仅免费提供，而且没有插播任何广告。但是这些电台每年会进行一到两次筹资活动，通过施压少许（或者更多）社会压力，说服那些免费听众或观众加入到收费项目中来——也就是将那些潜在追随者和追随者（普通听众或观众）转换为忠实的粉丝（收费客户）。

现在的互联网技术已经得到广泛传播，因此我们就可以对这种模式稍加改造。一些具有创造性的创业者发现，他们几乎可以对自己的客户网络采取同样的措施：先是不受限制地提供一切，然后让客户自行决定付费档次。不过，由于我们当中的大多数人都不太可能去开设一个新的公共广播电台，下面我举两个事例，你可以看看他们是如何根据自己的需求改造这一模式并且获得成功的。

靠粉丝募捐撑起的一片天

戴维·洛威尔是“内幕旅行”（Travel Insider）网站的创办人，游客可以通过邮件订阅了解航空产业的最新动态。从2001年11月起，戴维每周五都会就本周世界航空业的状况发布一则篇幅较长、内容详尽的博文。他的观点十分主观，所以有些读者不太喜欢戴维直言不讳的风格，但久而久之，戴维反而因“实话实说”的风格而名声大噪，并建立起一支核心追随者队伍。

为读者所做的一切都是无偿服务，但因为这是他的全职工作，所以他自然需要有人支持。每年戴维都会发布一则筹资广告，请求读者为其网站捐款。其中有大约800名读者立刻作出了响应，捐款数额少则5～10美元，最多的甚至超出了250美元，平均每人捐款50美元。在当年的其他时间里，虽然戴维不再需要向他人寻求帮助，但时不时还会有人进行募捐，因此戴维的年收入大部分都来自这些零散的捐款和自己在每年呼吁读者资助时募集到的资金。对于戴维每周五发送的无偿邮件服务，那些忠实的粉丝以及许许多多的追随者都乐于进行“有偿购买”。

从搞笑网络漫画到公益事业

麦克·克拉哈里克和杰瑞·霍金斯在街边租下一间门面房，他们主要经营游戏机和一些电脑。后来，他们两人设计了一组名为“便士游乐场”(Penny Arcade）的搞笑网络漫画，每三周发布一期，而订阅这些漫画的游戏迷成千上万。他们的漫画往往十分露骨，其中有些玩笑就连业内人士都很难读懂，但麦克和杰瑞却毫不隐讳地宣称，“便士游乐场”中的玩笑不是写给所有人看的，而是给他们的小军队看的。

一开始，麦克和杰瑞承认，他们虽然热衷于漫画创作，但却不知道如何经营自己的生意。在创作初期，这个问题并不明显，但后来他们开始举办上千游戏迷参加的大型聚会。从网络漫画发展到世界性的游戏聚会并不容易，他们需要招兵买马，建立属于自己的军队。于是，他们招募了不少狂热的漫画迷，这些人愿意无偿从事大会的各项服务和维持秩序的工作。2007 年，他们搬出了当地的会议中心，转而来到了位于西雅图华盛顿州的游客和会议中心。

除了组织游戏聚会以外，“便士游乐场”还利用自己广泛的网络资源为美国和加拿大的儿童医疗事业提供援助。他们发起了一个名为“儿童游戏”的筹资活动，并且每年举办一次。从 2003 年起，这支游戏小军队就已经为儿童医院捐款超过 200 万美元，用于购买玩具和游戏设备。他们通过行动证明，亚文化圈未必只是由男性游戏玩家主导的肤浅群体，它同样可以发展成为一种有益的事业。

邀请他们参与你的事业。当你们之间关系已经超出了基本的承诺关系，你就可以邀请他们参与其间，从而推动你的事业不断发展。这就需要你的追随者们作出更大的承诺，但只要你所从事的活动是值得的，并且已经与他们建立了正确的联系，那些合适的人选就会毫不犹豫地加入，而其他的追随者也会在一旁继续为你们加油喝彩。

如果你亲自邀请你的追随者参与到你的事业中来，他们加入的可能性就会变得更大。因一边接受路人递过来的比萨一边在夜间长跑而名震一时的“世界超级马拉松王”迪恩·卡纳泽斯，就曾定下“50天内在美国50个州跑完50场马拉松”的目标，这个想法本身就很有创意，更幸运的是，迪恩和他的赞助商对于人们为什么要关心这场比赛也进行了认真的规划与考量。

为了给人们一个满意的回答，弘扬马拉松精神，迪恩改变了原定计划，不再独自跑完每一场马拉松。他决定每一场比赛都按照确定路线，与提前报名参加的选手一起跑步。有时候，报名参加的选手甚至超过了50个，有些人甚至连10英里（约16公里）的距离都没跑过，还仍然坚持着和迪恩一起跑完了长达26.2英里（约42公里）的全程。通过这次超级马拉松比赛，他们不仅为慈善事业募集了大量捐款，而且在全国范围内引起了人们对长跑的关注。

加利福尼亚州的外科医师加里·帕克在非洲工作了17年之后，向我提供了一个加入义工这一事业的机会。对于这个机会，我和其他许多人一样都感到格外珍惜。其中包括30岁的斯科特·哈里森，在此之前他只是纽约市一家夜总会的承办人，他厌倦了夜夜笙歌的生活，想要寻找一个更有意义的事业。一开始，斯科特只是抱着“一年苦行”的心态，前往贝宁找到加里和我。后来，斯科特不仅把这个机构所做的工作拍摄了下来，对于国际发展的情况他也有了更深的理解。

一年以后，当斯科特返回纽约，他不想再从事原来的夜总会工作，而是打算让更多的人了解整个非洲对自来水和卫生设施的需求。在过去夜总会工作期间，斯科特留下了多达1.2万人的电子邮件地址。其中有些是他的好友，有些是他的同事，还有一些是模特和名人。斯科特并没有打算重新开始，而是决定从这些联系人身上入手。他写信给认识的每一个人，并将自己的想法告诉了他们。斯科特想要成立一个国际慈善机构，将一切收入都直接用于援助项目。将所有善款用于对世界上最贫困国家的慈善机构进行援助。为了确保这项活动能够真

正发挥作用，他们计划当水井和卫生间建好以后，通过“谷歌地球”（Google Earth）拍摄的照片对此进行监督。

斯科特在邮件中所讲述的故事令人心动，而他提出的援助计划也切实可行，因此很快就得到了原夜总会联系人的积极响应。刚开始，他们只有少数志愿者和部分依靠拨款赞助的工作人员。但在接下来不到三年的时间，斯科特就成立了一个拥有500万美元资金、名为“慈善之水”（Charity: Water）的机构。该机构董事会均由义工组成，他们负责支付斯科特的薪水和维持机构运作的行政成本。“慈善之水”的全部收入100%捐助给当地的合作伙伴。

小心：水能载舟，亦能覆舟

上面谈到的几个步骤看起来似乎非常简单。首先招募对你事业感兴趣的人员，获得他们的支持，然后激励他们，让他们继续与你同行。最后，选出精兵强将，一举攻克目标。没错，事情就是这样运作的。但如果这几个步骤果真如此简单，为什么不是所有具有远大志向的艺术家、创业家或其他任何人都能够按照这一模式执行呢？

首先，要知道吸引足够多的追随者和忠实粉丝并不是一件容易的事情。你可以追随许多人的脚步（比如，我就会定期浏览自己的邮件订阅和其他一些博客，这些名单有100个之多），但却只能成为少数人的忠实粉丝。其次，我们很难获取一个人的信任，却很容易失去一个人的信任。假如你想要破坏自己与那些追随者之间的关系，你所要做的就是辜负他们的信任。你可以对他们的想法不加理睬，并且对自己犯下的错误毫无歉意，这样他们就会对你感到失望至极。如果这时你不仅不加解释，也不道歉，恐怕就很难再次赢得他们的信任了。

不幸的是，想要避免这种错误并没有人们想象的那样简单。没有人在雄心勃勃地想要改变世界时，从一开始就打算让人失望。但是，当这项事业不仅没有失败，反而取得了成功时，问题往往也会接踵而至。如果事情进展顺利，而这时你突然发现你可以在没有人注意到的情况下投机取巧，就很难抵挡这种诱惑，并可能作出越来越多投机取巧的事情。直到有一天，当所有人都注意到你的所作所为时，一切都为时已晚。因此，如果你想要保持良好的发展态势，让你的追随者感到欢欣鼓舞，一开始就不要为这种诱惑而屈服。

综上所述，作为一名领袖，你的目标不是蔑视他人，而是要挑战他人。你要通过某种有意义的方式，激励你的追随者，致力于改善他们的生活。如果你能够始终满足他们的需求，就不难继续赢得他们的信任。只有当你做到了这一点，并能够持之以恒时，你和你的小军队才能大获全胜。

漫画家、国际慈善家、旅游作家、极限马拉松选手、音乐家和小型创业者，他们的共同之处在哪里呢？为了获得事业的成功，他们必须建立起一支属于自己的小军队。他们帮助追随者们得到自己想要的东西，并将这些追随者转化成为自己的忠实粉丝。此外，他们还可以通过盟友以及朋友的朋友为自己牵线搭桥和筹集资源。

记住，我们的人生与世界上其他人的人生紧密相连。如果你能够在展开自己事业的过程中组建一支属于你的小军队，你所获得的成功就将远远超过依靠个人力量所取得的胜利。人类学家玛格丽特·米德曾说过一句话被多次引用在毕业典礼中：**“永远不要怀疑，一小群用心执著的人，可以改变这个世界。事实也一直如此。”**

玛格丽特·米德说的没错。你的小军队可以帮助你达到自己的目标，并帮助你实现帮助他人的愿望，与此同时，他们自己也得到了你的帮助，从而形成一种三赢的局面。你还在等什么呢？

请记住

★ 认真考虑怎样才能帮助他人并得到他们想要的东西。如果你所从事的活动能够改善他人的境遇或满足他们重要的需求，你的成功就指日可待。

★ 至少建立三种让追随者可以联系到你的方式，比如在你的博客上开通 RSS（即“聚合内容”，Really Simple Syndication）订阅功能，在社交网站上留下你的个人资料，定期发布博文或者实时报道。

★ 至少通过两种媒介进行交流。如果你是一名博客写手，就可以在发表帖子的同时，也补充一些音频和视频资料。

★ 直接邀请人们加入你的队伍，在向他们寻求援助时一定要内容明确。

★ 为你设定一个具体目标：在接下来的 × 个月内，我要再为我的小军队吸收 × 名新的追随者。

向你的债务宣战

“先苦后甜”也可能错失良机

时间不是金钱

07

每天攒下票价 2 美元的公车费，
买一张 4 000 美元的环球机票

投资他人：积极发挥钱袋的力量

“啃着狗食一样的干粮”

第 7 站

理财之道：实现财务自由的旅程

我想要过穷人的生活，但一定要有很多钱。（毕加索）

即使债台高筑，你也可以追寻远大的梦想

26 岁的亚当和 25 岁的考特尼·贝克刚刚结婚一年，定居在印第安纳波利斯市。他们的生活一向非常铺张，所以很快就发现自己已经债台高筑。除了 5 万美元的助学贷款，亚当和考特尼还需要偿还两辆汽车的贷款，欠父母的钱，好几张信用卡的账单，他们甚至还有一张信用卡在一家珠宝店的透支金额已经达到了最高额度。

是因为他们不负责任吗？或许如此，但在他们身上发生的事情在现实生活中并不少见。考特尼是一名工作稳定的教师，而亚当则经营着一个收益颇丰的物业管理公司，偶尔还承办一次扑克牌联赛，每小时可以赚到 100 美元。谁也没有质疑他们是否能偿清巨额债务，因为至少他们每个月都能够按时还款，所以这看起来似乎不是很大的问题。

然而，当他们的女儿米莉出生以后，情况发生了巨大的改变。在这一行里，亚当每星期都要工作 80 到 100 个小时，他知道这样下去生活难以为继。扑克牌联赛固然好玩，但这种生活方式却不适合已经成为父亲的亚当。于是，亚当和考特尼开始考虑他们的将来，并为他们欠下的大量债务表示担忧。他们决定尽快作出改变。

为了还清债务，亚当和考特尼发表了一则“战争宣言”，希望能够从此做到开源节流、重视储蓄。在接下来的 18 个月里，他们勒紧裤腰带，将两人 6 000 美元总收入的三分之一用于日常生活，其余部分全部用来偿还业已失控的债务。亚当和考特尼不仅向他们的债务宣战，还站在一个更高的角度看待这个问题。消除债务固然十分重要，但这并不是他们的最终目标。他们想走出去看看世界，还有什么时机比现在更好？

“我们知道，如果我们在印第安纳波利斯再住一年，就很难再离开这个地方，”亚当告诉我，“虽然我们刚有了个孩子，这样做也许不太合理，但我们却认为这样做是正确的。”

每当谈到举家搬迁、周游世界时，很多人都会说：“我倒是很想这样做，但我没有那么多钱。”或者，“要是我们没有贷款，这样做肯定很有意思。”亚当和考特尼的做法让我们看到，即使你不富有，也可以去追寻远大的梦想。随后，他们把这个过程继续向前推进，在网上公开了他们拥有的一切物品，然后带着刚满周岁的米莉从印第安纳波利斯搬到了新西兰，在那里居住了一年。在此期间，他们始终进行认真预算，还在个人网站上发布了一个名为“财务绝对透明”的版块，100% 地公开了他们每个月的收支状况。贝克一家敢于向债务宣战，终于迎来了自己更加充实的人生，然而，这才仅仅是一个开始。

寻找金钱和幸福的最佳结合点

毫无疑问，个人的财务状况是一件因人而异的事情。但是，正如你不应当让其他人决定你的人生价值和目标一样，你也应当始终掌握财务大权。因此，你必须认清金钱在你的人生中扮演着怎样的角色，否则你就很可能像大多数人一样，只是随波逐流。

关于人生规划，我们在本书前几站已经进行了讨论，对此最常见的反对意见就是，“这听起来是很好，但哪来那么多钱呢？”我认为，之所以会产生这种反对意见，是因为人们惯于对那些按照自己想法去生活的人持怀疑态度。如果其他人都从桥上跳下去了，而你却头脑冷静地独自站在桥边，认真思索自己是不是也要跟着跳下去，人们当然就会对你侧目而视。正因如此，要想创造非传统的精彩人生，最关键的就是首先认清你想要得到什么。正如柴郡猫在《爱丽丝梦游仙境》中所说的那样，“**如果你不知道自己想去哪里，任何路都会带你去你想去的地方**。”同样的道理，在进行人生规划时，如果你不清楚自己究竟想要得到什么，你又怎样能够得到它呢？

其次，无论经济状况如何，我们都应当为自己制订一个明确的方向，这一点尤为重要，因为人们常常会发现，我们想要的人生往往比当初预想的更容易实现。正如我们在本书第 1 站所讨论的，实际上大多数人并不想要每天都躺在沙滩上无所事事，也无意于住在欧洲的某个城堡里颐指气使。相反，我们都希望能拥有一个有意义的人生，一方面能够从事某种充实的工作，另一方面又能有很多时间做自己喜欢的事情。

不过，尽管你并不一定真的想要一架私人飞机，也不想要整天待在瑞士的城堡里，但要生活下去就离不开金钱。你应该知道你究竟需要多少钱，你希望拥有多少钱以及当你得到这笔钱以后将如何使用。就个人而言，当我还是一名学生的时候，每年的收入至少 8 000 美元（做义工期间每年约 1.2 万美元）；创业后，在情况较好的几年里，我的年收入可高达 25 万美元。从个人经验来说，我认为自己的幸福指数在年收入为 8 000 美元和年收入为 25 万美元的时候差别并不是太大。不可否认，如果资金充足的话，有些事情的确会变得容易一些，但另一些事情反而会变得更加困难。[①]

美国影星梅·韦斯特说过这样一句名言，“我富有过，也贫穷过。相信我，富有好过一些。”她说得没错，贫穷的时候的确不好过，但金钱同幸福感之间的联系也就如此而已。至于一个人需要拥有多少金钱才能感到幸福，这点因人而异，也因地区而异，但有关研究显示，当你的收入超出了某个相对并不太高的界限时，幸福指数与个人收入之间就没太大关系了。大致来说，当一个人的年收入超过 4 万美元以后，幸福感的增长比率就不再那么明显。因此，我们的目标就是认清金钱和幸福的最佳结合点，然后据此规划自己的人生。

①当你赚到很多钱的时候，你就会开始担心失去它们。一般来说，我的年收入基本上保持在 8 000 美元和 25 万美元这两个极端之间。在我撰写的报告《从 279 天到一夜成功》（*279 Days to Overnight Success*）中，我详细记录了自己从个人网站上获得的所有收入。读者可登录 ChrisGuillebeau.com/3x5/overnight-success 进行免费下载。

节俭新观念，消费新主张

在我看来，节俭是一个人的美德。但所谓节俭，绝不是在预算的每一个方面都收紧荷包，而是对开支作出清醒的选择，把钱花在你看重的事情上，避免浪费在其他东西上。在缴纳房租和支付其他日常开销以外，我通常按照如下几条原则做到量入为出：

★ 我乐于把金钱花在我真正看重的事情上。

★ 我尽量不把钱花在我并不看重的事情上。

★ 在同等情况下，我看重人生经历多于物质财富。

★ 投资他人，至少和我的长期储蓄同等重要。

旅行是我最大的个人支出项目，这笔开销一般占到我年收入的20%。很多人会把自己收入的20%用于偿还分期贷款，但我的态度是——竭尽所能避免欠债。如果我不能一次性买走某件东西，我就干脆不买。

除了在环球旅行上花费大量资金以外，我还喜欢定期把小部分资金用于享受自己特别喜欢的事物。比如，我喜欢到泰国或墨西哥餐厅吃午饭，到了下午，我会到星巴克或当地的小店里品尝咖啡。我不是每天都外出就餐，但当我赚到的钱可以让我到我喜欢的任何地方吃午饭时，我就会感到十分开心。

这就是我定义节俭不同于传统观念的地方。如果你喜欢每天早上来一杯拿铁咖啡，并认为这杯咖啡物有所值，那就不妨每天早上为自己买一杯拿铁。要知道，比起花钱买拿铁，如何削减债务并弄清如何消费才是更重要的事。

虽然我在周游世界时毫不吝惜钱财，也不介意每周去几次墨西哥Chipotle连锁餐厅，但我坚决反对把钱花在我并不看重的事情上。我不觉得我有必要购买汽车，而宁愿住在公共交通便捷又便宜的地方。另外，我每年花在购置衣物上的钱一般只有100～200美元。

不可否认，这些原则也有例外，因为有时候我并没有把钱花在我看重的事情上。比如在接到电费账单的时候，我就别无选择，但我会尽量不让自己每个月在这项支出上浪费太多资金。此外，我也不喜欢每个月支付 400 美元的健康保险，更何况其中还不包含看病的费用。但因为我住在美国，而且属于自由职业者，所以也只能这样做。是的，这一点让我感到十分不快，但由于我经常发生跑步受伤的情况，而有一次朱莉的脚踝也需要做手术，所以我发现，住在美国却不买保险肯定不是一种明智的选择。

除了这些例外情况以外，我始终厉行勤俭节约，尽量把赚来的钱花在我看重的事情上。此外，我在上文中提到，我看重人生经历多于物质财富。物质财富，就是那些放在自己家里的东西；而人生经历，就是我所做的一切事情。譬如，参加音乐会、到附近的城市去过周末、和朋友们一起用餐——这些都可以称为人生经历；而衣服、家具以及其他诸如此类需要占据一定空间的东西都可以归入物质财富，我希望能竭力避免或尽量减少它们的支出。

最后，我知道，迄今为止我已经从人生当中收获了很多东西，所以我希望自己能够通过投资他人来回馈这个社会。关于上述几点，我们会在接下来的内容里进行详细探讨。

友情建议：有关财务管理的几项原则

在此我会提出几条关于财务管理的个人建议，但关键仍在于认清自己的价值判断。我并不认我的做法适合每个人，而且对于应该把钱花在什么地方，许多人都有不同的意见。因此，无论你打算如何理财，最重要的是认清自己究竟看重哪些东西。

时间不是金钱。我提倡节俭，它不仅是一种达到目的的手段，同时也是一种个人美德。在某些方面节俭，能让我自在地把钱花在其他方面。不过，这两者并不存在必然的联系。比如，某天出门赴约后我决定不乘坐公共汽车回家，为此省下两美元的车票钱，但它并不能让我买得起一张 4 000 美元的环球旅游机票。如果按照“时间就是金钱”

的原则，我就应该选择乘车（10 分钟）而不是步行（30 分钟）。但是，违反这条原则并不使我感到烦恼，因为我的目标不是最大限度地优化自己的人生，做到分秒必争，我的目标是，避免因为习惯而做某事，避免因为不够勇敢，而无法战胜对改变的恐惧（详见本书第 2 站）。

“先苦后甜”的做法可能会让你错过很多人生机遇。所谓“先苦后甜”，就是指现在作出某种牺牲，以期将来可以更好地享受。但这种做法既有长处，也有短处。为创作本书我花了一年的时间，其间我不仅放弃了其他赚钱的机会，还用掉了大量的时间，这是因为我希望本书出版之后你能够读到它，也是因为我始终对这个计划有着坚定的信心。这个月我还在自己的长期储蓄账户里存了 300 美元，我乐于作出这种牺牲。

另一方面，“先苦后甜”也会让人们避免作出改变自己生活方式的决定。这正是我在谈到个人财务问题时想要努力平衡的地方——我并不反对为了将来进行储蓄，但前提是不能牺牲今天的生活。假如经过 40 年的储蓄，我曾经放弃了各种各样的机会，却在退休前不幸遭遇车祸，这时你会作何感想？因此，最好的做法是在享受现在的同时规划好自己的未来。

世界上不存在“好的债务”。经常有人会认为，世界上既有“好的债务”，又有“坏的债务”。“好的债务”一般是指学生贷款或抵押贷款，而“坏的债务”通常是指信用卡贷款或其他高利率贷款。就个人而言，我不喜欢欠任何人任何东西。即使是那些所谓的“好的债务”，在你没有还清负债的日子里，在某些问题上不得不作出令人不快的决定。

我更喜欢租房而不是买房，对于这一点我向来毫不讳言。不过，持有这种观点的人一直是少数，然而令人感到高兴的是，最近越来越多的人开始意识到，花上 30 年付清房贷并不总是符合房主的最大利益。此外，房市开始不断紧缩，个人想要获得贷款变得越来越困难，而分期还贷金额在个人收入中所占的比例也变得越来越高。

尽快摆脱债务的途径

如果你已经债务缠身并想要从中摆脱出来，你可以从以下两种方法中选择一种：其一，尽快设法偿还债务；其二，通过从事公共服务获得债务延期或豁免。

对于第一种选择，你可以登录亚当·贝克的网站ManVsDebt.com，参考他所列举的一个有趣案例。案例的主角是我们在本书第2站提到的肖恩·欧格，由于他把自己的大部分收入都花在了信用卡和汽车贷款上，所以很快就入不敷出，虽然他勇于向自己的债务宣战，但最后还是不得不卖掉了汽车。

如果你已经陷入了债务危机，并且正在设法摆脱困境，要知道你并不是在孤军奋战。因为全世界的大批博客写手都在关注个人财务问题，他们不仅建立了网站，还与我们分享了许多关于削减债务和提倡节俭的秘诀和策略。这些博客中的佼佼者当属“慢慢致富”博客（GetRichSlowly.org），你也可以通过搜索 Man Vs. Debt 或 Get Rich Slowly，找到更多其他网站。

最后，为了能够有效掌控你的债务，你也许需要作出一些牺牲，或推迟从事某些活动。但在上文中，亚当和其他人的故事告诉我们，你没有必要因为欠债而耽搁你的整个人生。我们至少可以说，享受生活与摆脱债务是同等重要的。

要想提高储蓄额，关键在于增加收入而不是减少支出。这是因为从本质上来说，减少支出是一种追求匮乏的行为，而增加收入是一种追求富足的做法。作为创业者，我将我的收入控制到一定程度。如果我想要赚得更多，可以通过一系列的项目来增加收入。我知道，这听起来也许有些矛盾，因为我同样乐于进行储蓄，减少不必要的开支，在下一站我们再详细探讨这一点。在此我要强调的是，对于那些有意自主创业的人来说，较之于减少支出，增加收入可能更容易。

努力实现财务自由，但永远不要退休。退休是许多人都有的一种传统观念。不过有时候，我们只是想停止从事某一种工作，转而去做自己喜欢的其他事情，并不等于我们再也不想干任何工作了。在我的早期人生规划当中，我决定要实现财务自由。一开始，我还以为这就意味着必须拥有足够的财富，从而就可以不用工作而只靠利息来维持生计。

两年后，我重新审视了我的目标，并逐渐认识到这种观点过于守旧。既然我从来都没有打算正式退休，因此为什么还要积累大量的财富呢？我认为最好的办法就是通过某种基于个人收入的途径来创造财务上的安全感。下面我们就来一起看看其中的不同之处。

基于财富实现财务自由（约需100万美元）

金融专家们往往喜欢就此争论不休，但在一个问题上他们的意见却基本保持一致，即每年金融资产的提现率一般在4%左右。这就意味着，如果想要基于财富实现财务自由，你就必须拥有年支出额大约25倍的资产才行。比如，为了保证每年能够支取4万美元的利息，你就需要积累100万美元的资产。如果你每年的开销为10万美元，你就需要有250万美元的存款。此外，你还需要考虑到将来通货膨胀的因素，因为4万美元现在的价值与未来的价值是不同的。

基于收入实现财务自由（约需10万美元）

基于收入实现财务自由，是指用自主创业获得的收入取代受雇于人赚来的收入。你不需要积聚大量财富（并将所有资金都存入投资账户），而是应当通过多元化的渠道增加你的收入。

也就是说，你的目标不是发家致富，而是改变收入来源，从而在没有受雇于人的情况下也能够获得稳定的收入。①

正因如此，我才不再把积累财富或资产作为目标，而是决定把重点更多地放在增加收入上，并且在不需要受到日常工作束缚的情况下，能够从事自己喜欢的任何活动。我放弃了对财富的追逐，转而追求更加有益于人生经历的目标。我既想开创事业，又希望能够四处旅行，因此我的选择是牺牲部分赚钱机会来进行旅行，虽然在某种程度上，我的收入减少了，但我却得以体验到其他更有意义的人生经历。

如果我们能支配财富，我们就会变得富有而自由；如果财富支配了我们，我们就会变得穷困潦倒。（埃德蒙·伯克）

尽管依靠积累财富而“彻底”实现财务自由无异于水中捞月，但在我看来，只要你肯努力，就能够达到这一目标。既然我还要生活下去，并且也不想在自己喜欢的事情上作出太多的牺牲，所以我并没有对我的财富感到忧心忡忡。我相信我最终一定能够获得财务自由，但与此同时，我也应当尽情享受自己喜欢的生活。

投资他人：积极发挥钱袋的力量

我们在前文中说过，金钱只是帮助你获得你想要东西的一种工具，因为它本身并没有任何价值，所以金钱同样可以成为我们帮助他人的工具。每年我都会在我的长期储蓄账户里存款，同时也会根据收入情况，将其中的一部分用于对非营利性机构进行投资。我的目标是20%以上，不过为了保证我的捐款透明度，我需要在此声明，我并不是每年都达到这一目标。不过，我为自己设定的下限是10%，每年我都会从自己的银行账户中自动扣除这一部分资金，从而确保自己不至于距离原定目标太远。

①正如我们在本书第4站所讨论的，至于你是否要从事一份“真正的”工作，就另当别论了。

我把这一原则称为“投资他人”。在这里，我还是采用“捐赠”和“慈善”等说法，因为它们显然更加容易被接受。然而必须指出的是，我并不认为这是慷慨，而是责任心和感激之情。虽然我是通过努力而作出许多改变，但我也知道这与我生在发达国家而享有的巨大优势是分不开的。此外，正因为我能够享有不计其数的社会权益，我才能够作出相对自由和开放的选择。得到的越多，付出的就应该越多。

也许有人会问，这与“不顺从”有什么关系，我的回答是，不顺从其实就是作出不同的选择。如果你家境贫寒，你就难以享受自由选择的权利。换句话说，穷人很难得到自由。因此，当我们意识到自己的自由时，就更应该向他人伸出援手，帮助他人获得更多的自由和机会。当然，捐款并不是帮助他人的唯一方式，但它却是我们在考虑个人财务问题时不应忽视的一个重要方面。

如果你是第一次投资他人，也许会感到无所适从。我个人更推崇那些将慈善活动的捐赠人和最终受益方联系起来而不仅仅是筹款的机构。出于这种考虑，我的 AONC 网站和本书对埃塞俄比亚的“慈善之水”项目给予了积极的支持。如果你还没确定从哪里入手来投资他人，我希望邀请你加入我们。其实，当你买下这本书的时候，就已经对该项目投入了一小部分资金，具体情况可以登录 CharityWater.org/aonc 加以了解。

> 很难说究竟什么东西会带来幸福——贫穷和富裕都不能。（“金”·哈伯德）

我非常热衷于我所参与的这个项目，除此以外，下面还列出了其他一些值得进行投资的组织。其中任何一家组织都不是政治性或宗教性的，他们的工作重心完全在于减轻贫困、扶植小型创业者，以及加强世界各国和地区的基础设施建设。

健康伙伴（Partners in Health）：该组织由保罗·法默博士创立，旨在推进海地、非洲和其他地区的公共健康状况。欲知详情，你可以登录 PIH.org。国际关怀组织（CARE）：近年来，该组织曾经屡次拒绝在非洲投入效率低下、生产落后的资金项目，其勇敢的举动让我钦佩不已。你可登录 Care.org 了解情况。

Kiva 小额贷款机构（Kiva）：向该组织捐款更像是借钱给自己朋友，其中 98% 的贷款都能如数偿还。详细资料可以登录 Kiva.org 进行了解。

牛津饥荒救济委员会（Oxfam）：牛津饥荒救济委员会是由来自不同国家的 13 个小型机构组成的大型企业集团。他们的总体目标是在 2012 年以前结束贫困和不公正待遇。我怀疑这一目标的实现可能需要延期，但为了取得更大的进展，他们需要更多的帮助。当地办公机构可以登录 Oxfam.org 了解情况。

无国界医生组织（Doctors Without Borders）：该组织因其法语原名“Medecins Sans Frontieres”而享誉世界，它旨在发生战争和自然灾害的地区及缺乏卫生条件的国家开展医疗救助。详细资料可以登录 DoctorsWithoutBorders.org 进行了解。

如果你选择了某个组织，最好的做法不是进行一次性援助，而是每月定期捐款，即使数额很少也不要紧。因为大部分慈善机构只有当发生大型自然灾害时才会接到巨额捐赠，所以如果你能够每月定期捐款，即使这些机构默默无闻，也能够让他们在平时获得稳定的收入。

关于捐款，我还想强调一点：当你把钱捐出去以后，就不要再耿耿于怀。我曾经听到这样一则趣闻，一位流落街头的音乐家走到一个穿着体面的男士面前，问他能不能给自己一元钱买酒喝。这个男士拿出一元钱，但犹豫着没有马上递过去。“嗨，等一下，”他说，“我怎么知道你没有把这一块钱拿去买吃的呢？”诚然，你肯定不希望自己捐赠的钱被拿去给流浪音乐家买伏特加，但问题的关键在于，当你把钱捐出去以后，对于此后发生的事情就不再负责。因此，在大部分情况下，我宁愿把钱捐给那些更加值得信赖的机构，因为他们能够保证把这笔资金用于正当的地方，说到底，至于如何使用捐款还是由他们决定，毕竟这些钱已经不在你的手里，而是到了一个它们应该去的地方。

当我第一次阐述这些观点时，曾经在其他博客上发表了一系列文章。一位波兰的朋友 J.D. 罗斯，热心地在自己著名的个人网站“慢慢致富”博客上刊登了其中的一篇。从读者的回帖中，我收到了不少积极的反馈。正是那个时候，我得知很多学生为自己申请了助学贷款而感到后悔。不过，我也收到了一些尖锐的批评，其中有条评论的见地还颇为深刻：

> “我很想看看当克里斯老到不能工作的时候，他的生活会是什么样子。我希望当他因为囊中羞涩而住在一栋与他人合租的贫民房里，啃着狗食一样的干粮时，那些关于周游世界和慈善捐赠的记忆也许能够让他感到一丝安慰。”

我把这条评论发给了自己的家人和几位朋友。我们不禁捧腹大笑，还有人建议我把它打印出来，裱在相框里放到我的办公桌上。虽然这条评论不免有哗众取宠之嫌，但我越想越觉得里面说的那个“啃着狗食一样的干粮”的人，还真的有点像我。我希望自己的伙食比他说的稍微好些，也希望能够拥有一间贫寒的陋舍，但如果说这些记忆能够让我感到安慰，我一定不会感到惊讶。毕竟，当我们的人生接近终点时，我们还能拥有什么呢？

最后，我想以英国作家 D. H. 劳伦斯的一句名言作为本站的结尾：“人生就是用来花的，而不是用来存的。”我很有同感。

请记住

★ 在某个范围内，金钱和幸福相互关联；一旦超出了这个范围，这种关联就不复存在了。

★ 只有认清自己最看重的是什么，你才能够正确对待你的财富。

★ 不妨考虑一下“投资自己”，从中获得独一无二的人生经历，而不要仅仅去追求物质财富。

★ 一项完善的储蓄计划还应当包括“投资他人”。这并非出于罪恶感，而是源于感激之情。

对于赢家，他们是怎么说的

职业艺术家和《要么拯救世界，要么滚回家！》(*Ignore Everybody*)的作者休·麦克劳德曾经说过："如果你想让人们都痛恨你，你所要做的一切就是赚很多钱，然后去做自己喜欢的事。"在这句话里，我们还可以把"赚很多钱"换成其他一些代表成功的词语：

"……你所要做的一切就是开开心心……"

"……你所要做的一切就是帮助他人……"

"……你所要做的一切就是比别人过得好……"

有一点可以肯定：当你踏上非传统的旅程时，你不仅会吸引人们的注意，而且还会招致无数的批评。如果你在这条道路上取得了成功，那么这两者同样如影随形。

对于有些人来说，他们唯一热衷的事情就是对赢家进行打压。我常常把他们比作吸取他人能量的"吸血鬼"，因为对于这个世界他们不但没有作出任何积极的贡献，反而热衷于打击别人，靠吮吸他人的生命而存活。他们之所以会形成这种世界观，正是源于他们精神上的匮乏。他们把输赢看作一场零和博弈 (zero-sum game)。其实，你赢了并不代表他人就一定会输，然而不幸的是，这个道理并非所有人都明白。

那些拥有自信和毅力的人经常被缺乏这两种品质的人贴上"狂妄自大"的标签，按照匮乏者的观点，作为赢家总要受到人们的质疑，他们认为只有当赢家从其他人那里夺走了什么，才有可能变得高高在上。比起将自己提升到同样的高度，将赢家打压下去要容易得多。

"伟大的灵魂总会遭到庸人的强烈镇压"，孩提时代曾经被人们认为反应迟钝、缺乏好奇心的爱因斯坦如是说。对于赢家，我们还听到过下面的这些说法：

“兰斯·阿姆斯特朗(环法七冠王)让这场比赛变得不尴不尬。”——2009年，当兰斯返回时，环法自行车联赛的主席这样说道。

“酷玩乐队是这10年来最令人难以忍受的一支乐队。”——《纽约时报》的乔恩·帕雷利斯这样评价道。

“我们不喜欢他们的声音，而且吉他音乐也有点过时了。”——1962年，迪卡唱片公司拒绝与甲壳虫乐队签约时这样说道。

“孩子们奇形怪状的信手涂鸦不仅天真无邪、充满了真挚情感，而且令人不禁莞尔；但这个画派的矫揉造作却不堪入目、令人作呕。”——埃米尔·卡登（Emile Cardon）在评论莫奈、雷诺阿等印象派画家时这样说道。

了解人们是如何评价那些赢家对你是有好处的，但这并不意味着你就要因此而停止追逐目标的脚步。当你开始对前进途中的那些“吸血鬼”发起攻击时，恭喜你，成功就在你的前方。不要轻易放弃，我们其他人还在殷切希望你能继续坚持下去。

行程 3

意味深长的整合路线

让我们把这些元素融合在一起：工作，冒险旅程，精神遗产。

如果你对此欣然接受，那就让我们继续前进，迈向本书的终结之旅吧。

村上春树的第一优先事项

整合的力量

需要停止做的事情清单

“100 件物品挑战自我”

08

说“好”和说“不”的艺术

如何每天腾出 4～5 个小时

如何利用每周的 50～40 分钟

第 8 站

取舍之间：简单生活，拥抱充实人生

每个人都会死，但是并非每个人都曾真正的活过。（威廉姆·华莱士）

村上春树的第一优先事项

我最喜欢的小说家是村上春树，他的写作风格可谓别开生面。在村上春树的书里，猫可以和人交谈，鱼可以从天上跌落，他创造了另外一个真实的世界，在这个世界中发生了各种各样稀奇古怪的事情。在通常情况下，书中的主人公总是一边在日本四处游弋，一边想做什么事情就做什么事情。这一点经常让读者望而生厌，但这正是我喜欢他的小说的原因（我也经常在世界各地漫无目的地四处游弋）。

在写了30年的小说之后，村上春树出版了一本非小说类的书籍，对自己的创作过程和创作理念进行了阐释。其中最有趣的一个观点是有关他谈到自己在执笔之初作出的一个决定。村上春树在刚过而立之年时就已经完成了自己的第一部小说，并且决定从此以后把大部分时间花在与广大读者建立联系上，而那些读者多年来也始终追随着他。他是这样说的：

> 以昨天为鉴，以今天为乐，以明天为盼。（爱因斯坦）

“我的人生中，最为重要的人际关系并非同某些特定的人物构筑的，而是与或多或少的读者构筑的。稳定我的生活基盘，创造出能集中精力执笔写作的环境，催生出高品质的作品——哪怕只是一点点，这些才会为更多的读者欢迎。而这，不才是我作为一个小说家的责任和义务，不才是第一优先事项么？”[①]

① 节选自《当我谈跑步时我谈些什么》，村上春树著。

当我们刚刚读到这段文字时，或许会立刻觉得作者所说的话不仅不切实际，甚至还有些唐突无礼。一个人怎么能够将同素未谋面的人构筑关系作为自己的第一优先事项？难道村上春树不应该更加关注自己的家人、朋友和身边的人，然后在有空的时候，再去为他的读者操心吗？

但从另一方面来看，村上春树关心的是他可能得到的，而不是可能失去的。他认清了自己真正想要得到的东西，并且让他的人生围绕着这一使命而展开。这是一种追求充实的实践，充分拥抱自己的人生，让自己的生活围绕着最为重要的使命而旋转，这正是我们在本站将要重点谈到的。要想做到这一点，你要仔细审视你现在所有的责任，并且决定其中哪些是必不可少的，哪些是可以放弃的。

简单与充实，这两者并不矛盾

在这一站，我们要将两种截然相反的两个观点联系起来，从而让你认识到，我们可以在从事多种多样活动的同时，最大限度地简化自己的人生。我虽然欣赏简化生活、删繁就简、极简主义的观念，但我更喜欢从节俭的角度看待它们，因为我希望能够把这些观念与充实的人生意义联系起来。我希望能够不再考虑有些事情，同时着重考虑另一些事情。假如你经常浑身疲倦地度假归来，假如你反复提起“为周末而努力工作”，或假如你曾试图在难以捉摸的人生和工作中找寻平衡，那么或许你该开始了解有关融合的力量了。

野心勃勃不是小人物的恶习。（蒙田）

我们在这里所谓的**“融合”，就是指我们生活当中的所有事情都趋于和谐的一种状态**。我们同亲朋好友拥有良好的关系，我们对工作充满热情，我们拥有健康的体魄，我们每一天都能做一些自己喜欢的事情，我们知道我们能够改变世界。总之，我们发现自己的内心充满了感激之情，并能在积极向上而丰富多彩的人生当中积极应对挑战。

想要达到融合的目标，就必须采取两个行动：告别不必要的任务、责任和期望——从而迎来那些能够让我们的人生变得更加充实和多彩多姿的事情。这两个行动相互独立，但又密不可分。

对于有些事情，你完全可以说“不”

就像村上春树所发现的那样，要想打破常规，制订自己的人生规则，首先就要作出积极的决定。如果你想要掌控自己的世界，并且按照你喜欢的方式去生活，那么你就要下定决心，因为在我们的日常生活中，每天都会有这样那样的事情出现，从而分散你的精力。这些事情包括：

★ 大部分人每天都会接到各种各样的推销信息。

★ 他人给你带来的或是你自己造成的繁忙工作。

★ 不必要的义务或责任。

★ 关于工作和时间的种种社会规范及普遍观念。（比如，你每天应当工作一定的时间，而从不考虑在这段时间里你究竟完成了什么目标。）

如果你准备重新界定安排时间的方式，但却又不清楚你究竟应该承担哪些责任，最好的办法就是对所有来到你面前的事情进行一次过滤。你可以反问自己这样两个问题，“我为什么要做这件事？”“如果我不做的话会怎样？”从而帮你认清应该承担哪些责任。

举例：你知道将要参加的会议肯定会无果而终。

问题 1：“我为什么要这么做？”（可能的回答：我应该参加这次会议，因为每周的这个时候都要开会，也许这次会不一样吧。）

问题 2：“如果我不参加的话会怎样？”（可能的回答：很可

能不会怎样，也许有人会感到恼火，也许有人会认为我不参加这次会议是明智的选择。)

如果问题的答案是你会马上遭到解雇，那最好还是忍气吞声地参加这次会议。但最有可能发生的是，你也许会找到一种方法，既可以不参加这次会议，又不至于活不过明天。

事实上，如果你的态度足够认真，你甚至可以进一步反问自己，如果你遇到不喜欢做的事会怎么办？“如果我不这样做，世界末日就会来临吗？”或者，“如果我不这样做，就会有人因此而死掉吗？”如果这些问题的答案是否定的，你就完全可以把上述事情归入不必要从事的活动那一栏。也许你最终还是选择了去做某件事情，但如果你愿意的话，你随时都可以停止不做。

当你开始这样做的时候，就会逐渐学会怎样分辨哪些是必要的事情，哪些是不必要的事情。接下来要做的就是尽可能地对一切不必要的事情说“不”。在制订人生规则时，学会说“不”至关重要。在追求个人目标的道路上，你走得越远，需要拒绝的事情也就越多。你甚至需要抽出一段较长的时间，做到“心无旁骛”，或彻底隔绝那些有可能将你的注意力从最重要的事情上转移开来的事物。

我所说的“心无旁骛”，与其说是一种活动，不如说是一种状态。但是，如果你能够专门抽出一些时间让自己与其他不必要的事情彻底隔绝开来，这将会对你产生莫大的帮助。当你进入这个阶段以后，你需要设法限制其他新的事物进入你的生活，从而专注于某项活动或进行某种思索。众所周知，比尔·盖茨每年都会闭关两次，在此期间仅有一名助手每天为他送两次食物，包括烤奶酪、三明治和无糖苏打水。在这几天里，他会杜绝一切外界的打扰，把自己关在屋子里阅读资料，并且雄心勃勃地为微软独霸世界市场出谋划策。当时，盖茨不仅是微软公司的执行总裁，也是世界上最富有的人，所以，如果连他都能够抽出时间退出繁杂的外部事务，我想我们每一个人也都能够做到这一点。事实上我认为，比尔·盖茨这段心无旁骛的时间与他所取得的成就息息相关。需要告诫你的是，当你选择了限制接收讯息，退出不必要的社会事务时，并不是所有人都能够理解你的举动。有些人也许会对你感到十分失望。但与此同时，你比起其他任何人都有更多的时间从事你喜欢的活动，并且完成更多的事情。

需要停止做的事情清单

人生当中有一条重要的原则：你可能得到你想要的任何东西，但你不能同时拥有它们。为了把大部分精力花在你喜欢的项目和活动上，你就需要下定决心，停止做某些事情。

要想不再把时间用在那些容易分散注意力的不必要的事情上，最好的办法就是列出一个“需要停止做的事情清单”。比起列出“需要做的事情清单”，这种做法可能更加有益，因为它更能够帮助你认清究竟是什么在阻碍你前进的脚步。也就是说，你所要做的就是将你不想再继续做的事情逐个列举出来。

不妨想想，哪些事情会耗尽你的精力，最后却一无所获？当然，有些事情虽然会让你感到精疲力竭，比如作为一名义工，你需要付出许多时间和精力，但你相信它们一定会产生有益的结果。反之，在这张清单上，你需要列出的是那些虽然占用了你大量时间却丝毫没有感到快乐或对他人毫无益处的事情。

在此，你至少应当列出三至五种让你无法专注于更加重要任务的事情。当我第一次列出这个清单时，曾惊异地发现，每周至少有五个小时被我花在了毫无价值的活动上面。不可否认，人生中存在许许多多我们不喜欢做的事情，这时候你的原则应当是，终止这些工作，并且毫不犹豫地将它们从你的日常事务中剔除出去。

你能否只拥有 100 件物品去生活

除了毫无益处的任务和浪费时间的会议能耗尽我们的精力以外，很多“物质财富”也同样能够限制我们发挥潜能。在这一点上，最著名的例子可以说是戴维·布鲁诺。戴维既是一名作家，也是一位创业者。一开始，他将自己的业务印在星巴克纸巾的背面，经过五年的发展，这门业务已经初具规模。但戴维却突然卖掉了自己的股份，并重操旧业，成了一名全职网络作家。

对于美国国内过度泛滥的消费主义，戴维感到大惑不解，担心这会影响到自己的生活。为了解除自己的顾虑，他发起了一项名为“100件物品挑战自我”的个人活动。戴维承诺，他将带着最多 100 件物品生活至少一年时间。既然这是一次个人发起的活动，所以戴维为自己制订了规则。虽然他的藏书几乎可以与图书馆媲美，而他却把“图书”列为一件物品。此外，他还把“袜子”和“内裤”统列为一件物品，而实际上却有好几套。

戴维把自己的 100 件物品列在网上，并邀请其他人也加入到自己的活动中来。但他明确指出，这只是一种旨在提高自己生活质量的个人行为。戴维把这项活动称之为“我为反消费主义所尽的微薄之力”。[①]虽然戴维在壮大自己的队伍方面行动犹疑，但这项“100 件物品”的活动很快就在脸谱网上传播了开来，并迅速成为博客圈里热议的话题。

虽然我并不完全赞同戴维关于 100 件物品的规则，但他的看法让我开始重新打量自己的住处，并且找出哪些东西是不需要的。在此之前，我已经就“物质财富”表明了自己的立场，但还是发现从非洲回国以后，我的个人物品在不知不觉间变得越来越多。为什么我还要留着一台很久都没有碰过的计算机？为什么要买下两台打字机而不是一台？既然明明知道自己不太可能成为“吉他英雄”（Guitar Hero）游戏的专业玩家，房间的角落里为什么还留着一把塑料吉他指板？

---

①关于戴维的“100件物品挑战自我”活动的具体信息，可登录GuyNamedDave.com。

于是，我决定采取主动措施精简我的个人物品。在接下来的一个月里，我每天都要丢掉五样东西。至于这五样东西是什么，我没有作出任何特殊的限制，也不介意怎样处置它们。有些物品会转赠他人，有些物品要捐给慈善机构“救世军”，还有一些东西将被用于回收或索性将其丢进垃圾桶里。我发现，在物质世界拥有的东西越少，我就越能够把精力集中在事业和其他一些我喜欢的活动上。

因“慢慢致富”博客而声名鹊起的 J.D. 罗斯也为自己制订了相似的规则。有一年的一月，他把放在主卧衣橱里的所有衣物都搬进了客厅里的衣柜。每当他需要穿衣服的时候就会去客厅拿，然后再把这件衣服放回卧室。一年过去以后，他最喜欢的衣服重新回到了卧室的衣橱，而在客厅里还剩下一大堆东西。因此，罗斯为自己规定，凡是在一年内都没有动过的衣物，就要无偿捐赠给旧货店。

在需要丢弃这些物品时，人们经常会极不情愿地为自己辩解，“也许我以后还会用得上它们。”但是，如果你的某件衣服一年到头都没有穿过，这个借口大概很难成立。罗斯此举还有一个有趣的地方，那就是每当需要去客厅取衣服的时候，他感觉自己就像在逛商场，唯一不同的是不用再付钱。

可以放弃的选择、信息和义务

刚才我们谈论的是如何消除不必要的个人物品，也许我们还可以更进一步。对于那些耗费精力而又毫无意义的事情、活动或者个人，我们为什么就不能如法炮制？我知道，有些人会觉得这话听起来有些刺耳，但就个人而言，我会尽量避免在那些态度消极、总是想要打压他人的人身上浪费自己的时间。我明白我虽然很可能无法改变他们的做法，但如果经常和这些人待在一起，日久天长，我就有可能受到他们的影响，并且变得更加消极无为。

对于我们所接受的各种各样的信息来说，也是同样的道理。假如你一个月不看电视，很可能并没有错过什么重要的事。再比如，不管你正在读哪一本书，包括我的这本书在内，假如你觉得其中的内容索然寡味、毫无益处，就应当立刻将它放到一旁，把自己的时间花在那些更有意义的事情上。如果你能够积极地运用这一策略，你就会发现，人生立刻会发生积极的改变。

当然，就像决定人生目标和自己喜欢的事情一样，应当放弃哪些活动也需要因人而异。不过，既然我们一起走到了现在，我还是在下文中提出一些建议，仅供你参考。

不参加会议，不看电视。赛斯·高汀的商业博客在世界上首屈一指，并拥有数以万计的读者。所以，人们经常会问，他怎么会有时间做那么多事情，尤其是对每一封写给他的电子邮件回信。对此赛斯的回答是，他既不看电视，也不参加任何会议，因此每天都比大多数人多出4～5个小时的时间。

不使用电话。只有当你想要和某人说话时才使用电话，对于其他的人完全可以置之不理。如果你开通了语音信箱，那么一周检查一次就足够了。此外，当有人接通你的语音信箱时，你绝不应该说，“请给我留言，我会尽快回话。”你真的想要回复每一个人的电话吗？如果不是，只留下你的名字就可以了。我的朋友克里斯托在手机上录下了这样一则信息，“嗨，我是克里斯托。我不喜欢语音信箱，所以每周才会检查一次。如果你想要联系我，欢迎发邮件到 ____@gmail.com。”

与传统看法所不同的是，上述原则同样适用于商业活动。很久以前，我就决定不再迎合自己的客户。没错，我在我的业务网站留下了个人手机号码，但在大多数情况下，这个号码会直接转入自动录音，并且告知客户可以通过网站查找所需信息。当有客户要求通过手机进行联系时，我就会告诉他们：“对不起，由于我经常往来世界各地，所以不提供手机服务。如果你因此不再购买本公司产品，我完全理解。”

这种做法让我感到如释重负。虽然有些客户对此抱怨不迭，但我已经竭尽全力表明了自己的态度。有趣的是，那些声称如果卖方没有可供联系的电话号码就不会购买产品的客户最终还是买下了他们需要的东西。

放弃电子邮件。我个人很喜欢使用电子邮件，所以并不打算放弃。但如果电子邮件让你感到穷于应付，使你的眼睛根本无法离开自己的收件箱时，你就要明白，这并不是人生当中必不可少的东西。最近，知名博客“禅意生活”的作者利奥·巴伯塔就宣布不再使用电子邮件。在此之前，他曾经每天收发300多封邮件（不过，利奥承认自己还有一个“秘密”电子邮箱，但原来的每天300多封邮件已经减少为现在的不到30封）。如果电子邮件让你感到压力重重，你完全可以向外界宣布自己的电子邮件将告“破产”，然后重新开始。要做到这一点，你需要首先做一个深呼吸，接着点击“草稿箱”，然后把下列内容发给自己所有的联系人：

邮件主题：我宣布自己的电子邮件将告“破产”。

亲爱的家人、朋友、同事以及垃圾邮件的传播者们：

你们的邮件对我来说非常重要，但我已经不堪重负。迄今为止，我的收件箱里已经存有×××封未读邮件。每当我看到它们时，就不禁感到一阵战栗。

为了解决这个问题，我决定宣布破产，然后重新来过。因此，我已经封存了此前的所有邮件，不会再去清理。不过，这里还有一条好消息，那就是从现在开始，我将更加留意各位的动态。

非常感谢各位的理解。

（发不发这封邮件完全取决于你自己。但如果你真的担心自己可能会错过某些重要的内容，那还是三思而后行。）

尽可能去追求丰富和充实的人生

接下来的问题就是，我们该留下些什么？既然我们已经从自己的人生中剔除了那些没有必要的事情和不喜欢的活动，我们究竟又该保留些什么？

我的建议是：追求充实的人生，让生活充满自己喜欢的事情，为后人留下遗产。关于应当为后人留下哪些遗产，我们会在本书第 10 站进行深入探讨，但前提是你必须拥有一个充实的人生。当每一天过去以后，我也许会感到十分疲倦，但我不希望自己在做完事情后反问自己：“今天我究竟做了些什么？”我希望我能为自己感到骄傲。

让我们先回到在本书第 1 站讨论的那些话题：生命清单，理想世界和人生目标。对于这些事情，难道你不希望自己做得更多而不是更少吗？那么我们怎样才做得更多呢？无论你相信与否，要想做到这一点，部分原因在于我们所承受的压力——当然是良性压力。正如米哈里·契克森米哈赖在他的经典著作《幸福的真意》中所说的那样，人生当中最值得我们骄傲的瞬间往往是我们感到压力重重的时刻：

> “一般人认为，生命中最美好的时光，莫过于心无挂碍、感受敏锐、完全放松的时刻，其实却不然……最愉悦的时刻通常在一个人做了艰巨而值得的事情，把体能与智力都发挥到极致的时候。”

就个人而言，我最感兴趣的事情是，探寻在人人都拥有的每周 168 小时内我能够完成哪些任务。除去睡觉时间，我们每周只剩下 98 个小时。如果再除去一天休息日，我们就只剩下 84 个小时。在这 84 个小时，或者说 5 040 分钟里，你要做的应该是你喜欢的事情。

我不希望浪费这些时间。我想要参加马拉松赛跑，想要开创自己的事业，想要建立网站，想要写作，想要与风趣的人谈天说地，想要对非营利性机构投资，想要每年到 20 个国家旅行，而有时候我想要的就是睡觉。还有，我刚才提到喝咖啡了吗？我还喜欢咖啡。

从个人经验来看，如果我不能去做这些事情，我就会感到很不快乐。如果整天无所事事，我就会觉得自己的脑袋不听使唤。因此，我会尽量减少那些毫无价值、没有意义的压力，但如果我要做的事情很有意思，我就会想方设法实现我的愿望。

懂得休息的人，才懂得更好地生活

我认为，如果我们能够把每周的5 040分钟都花在有意义的活动和人际交往上，这固然是一件好事，但与此同时，我们也需要懂得如何适度休息和养精蓄锐。由于我性格内向，所以我的休息时间大部分都是独自度过的。尤其是当我身处于一个语言不通的偏远地区，有时候我可能连续几天都很少与他人交流，有时候我也许只有孤身一人。但是，如果孤独能够让我们放慢生活的脚步，对自己周围的世界进行反思，那么孤独并不见得就是一件坏事。

在我不旅行的时候，从周六下午6点到周日下午6点就是我的休息日。在这段时间里，有90%的情况我都不在线，这就意味着我会浏览一下周末新闻，但绝不会打开邮箱或继续工作，否则我的休息就没有了意义。

什么时候说"好"，什么时候说"不"

当你遇到某个机会，遭到他人打扰，或者需要付出时间时，你该在什么时候说"好"，在什么时候说"不"？就像往常一样，这个问题的决定权当然是在你的手里，不过下面有这样一些建议：

★ 如果你所做的事情能够为后人留下精神遗产，就应该说"好"。（关于这一点，我们会在本书第10站再进行详谈。）

★ 如果你所做的事情能够让你或他人有所收获，就应该说"好"。（判断一项工作是否值得，应当看最后的结果，而不是花掉的时间。）

★ 如果你所做的事情符合你的心愿，就应该说"好"。

★ 如果你所做的事情不能让你或他人有所收获，就应该说

"不"。(比如，参加不必要的会议。)

★ 如果你所做的事情除了穷忙以外没有任何意义，就应该说"不"。

★ 如果你所做的事情只是出于义务，就应该说"不"。

★ 你可以用直觉来判断："好"还是"不"？如果你对某件事情感觉不好，就应该说"不"。如果你稍微有些害怕但同时又感到激动不已，就应该说"好"。

怎样才能让自己在大幅减少不必要事情的同时增加从事有益活动的机会？答案是，如果你减少了自己做某些事情的时间，就等于增加了自己去做另外一些事情的时间。你可能得到你想要的任何东西，但你不能同时拥有一切。("任何事情不等于一切事情"，行政管理专家戴维·艾伦曾经这样说过。)

我们之所以要放弃某些事情，其原因在于：首先，我们可以把那些毫无意义的事情从我们的人生当中彻底剔除出去。其次，当你对某些事情说"不"的时，就等于给了自己机会对另一些事情说"是"，这一点同样十分重要。在同等条件下，我宁愿为自己做过某件事情而感到后悔，也不愿意因为害怕或没有时间而错失良机。我希望我们的人生变得更加丰富多彩，而不是愈加贫乏。如果你凡事都瞻前顾后，就不可能改变这个世界。为了从事那些有意义的活动或工作，我宁愿让自己感到精疲力竭。

你呢？在除去睡眠时间和一天休息日之后，你又将如何利用这一周的 5 040 分钟？

请记住

★ 你可能得到你想要的任何东西，但你不能同时拥有一切。因此，要将那些没有必要的事情从你的人生当中剔除出去，或放下手头正在从事的任何工作，好好反思一段时间。

★ 制作一个“需要停止做的事情清单”，这会让你每周减少几个小时做毫无意义的工作时间。

★ 学会反问自己，“如果我没有做这件事情，最糟糕的可能是什么？”如此一来，当你放弃一件事情时，就不会感到不快。

★ 在放弃所有不必要的事情后，你就可以迎来你想要做的任何事情。这不是一个悖论，这是在拥抱充实的人生。

黎巴嫩边界上的唐恩都乐

当浪迹天涯成了家常便饭

三更半夜被人从一家蒙古旅店里赶了出来

旅行省钱的窍门：航空里程积分

沙发客（CouchSurfing）和 FlyerTalk 论坛

09

第 9 站

世界之窗：踏上另类冒险旅程，周游列国

旅行使我第一次开始意识到外面的世界。通过旅行，我发现了自身的内省之道，它已然融为旅行的一部分。（尤多拉·韦尔蒂）

叙利亚冒险之旅，对我就像办公室的另一天

我跳进黎巴嫩首都贝鲁特的一辆大型出租车，把 8 美元递给中间座位上的司机副手。“大马士革？”我又问了一次，想再次确认一下自己的目的地。他点了点头，接过我的钱，便出发了。车上除了我之外，还有一对我在出租车站结识的来自加拿大的夫妇，和六位有家人在国境另一边的阿拉伯人。

我是从加州的叙利亚领事馆拿到赴叙利亚的签证的，其间历经了不少曲折。我仔细填好申请表，然后连同表格和 75 美元签证费一起交了上去。在经过几周的电话沟通，又用现金支付了另一项额外费用以后，领事馆的官员终于大发慈悲，为我办好了手续。在拿到护照和叙利亚浅绿色签证的第二天，我就出发了。在接下来的一周里，我辗转往返于南美洲，然后才继续前往中东地区。

虽然办理签证的过程令人不快，但在黎巴嫩和叙利亚的交界处，气氛却显得格外平静，甚至十分友好。这一切与我在出发前读到的资料完全不同。后来我才发现，如果自己在这个地方办理签证，费用只需原来的三分之一，而且也用不着把护照寄到一个陌生的机构，然后忐忑不安地等待结果。边检人员挥手示意我们停了下来，我无意当中看到，就在两国之间的无人地带，竟然开有一家唐恩都乐（Dunkin' s Donuts），真是令人忍俊不禁。我本来想要趁此机会喝上一杯咖啡，然后吃几块麦肯奇饼干，但其他乘客很快都通过了边检，汽车马上就要出发了。

一个小时以后，当我们来到大马士革外的一个汽车站时，我和那对加拿大夫妇看到有许多司机正在争相拉拢游客，有一个看起来非常

热心，于是我们乘坐他的车来到了闻名遐迩的耶路撒冷旧城。在一家旅馆安顿下来以后，剩下的时间里我们逛遍了附近的市场和清真寺。

在接下来两天里，从早上 9 点到下午 1 点，我在一家上网咖啡馆里写作，有时也会去屋顶的阳台。中间我会停下来吃午饭，然后在城里四处走走。到了下午和晚上，我就和刚结识的朋友和前一天晚上遇到的那几个叙利亚人待在一起。到了周末，我极不情愿地与他们道别，然后前往约旦首都安曼，并且在那里搭乘一架前往亚洲的飞机，最后返回国内。结束这次旅程让我觉得十分伤感，但我知道几个星期以后我还会再回来。对于一般人来说，叙利亚这样的地方也许一辈子去冒险一次就够了，但对我来说，这不过就像办公室的另一天。

当浪迹天涯成了家常便饭

我一直都很喜欢地图。当我还是个孩子的时候，就会花上好几个小时仔细观察地图，找出美国的各大交通要道，记住每一个国家的首都，然后梦想着一个又一个遥远的地方。我很幸运，很早就有过不少跨文化交流的经验，所以我不难分辨那些遥远国度的人们的异同之处。我出生在弗吉尼亚州，随后在其他几个地方长大，包括蒙大拿州、阿拉巴马州和菲律宾。我的父母分别住在两个州，所以我每年至少有两次会作为一个无人陪伴的未成年人被送上飞机，然后开始一系列旅程。在往返几趟之后，我比其他任何一个 10 岁的儿童都更加熟悉亚特兰大、明尼阿波利斯和盐湖城的机场。有时候，我甚至会故意让自己的护送人找不到我，然后独自在人群中四处转悠。

2002 年，当朱莉和我搬往西非时，无论前往哪一个地方，我都已经能够做到泰然处之。在非洲的最后两个年头，我成了“志愿医疗船”(Mercy Ships) 的项目总监。当时，我的部分工作就是往返于各个地区之间、与政府官员会面、检查港口和进行巡回治疗。

有一次，在从塞拉利昂飞往几内亚的飞机上，我看到有一个水瓶被人用胶带粘在了墙上，标签上写着“灭火器”。谢天谢地，那次航班没有用上它。还有一次，我乘飞机前往科特迪瓦，当这架又破又旧的涡轮螺旋桨式飞机即将滑出跑道时，一个西服革履的非洲人突然冒出来，拼命挥舞着手中的旗子，想要飞机停下来。令我感到惊奇的是，飞机竟然真的降落了下来，这名男子在往副驾驶的手中塞了一沓钞票以后，堂而皇之地登上了这架飞机。

这些旅行虽然十分艰难，经常会有人向我索要贿赂，但我却感到非常刺激。在几内亚的总统府邸拘留期间，我还学会了说法语。到了晚上，我只能住在沙滩上传教士的客房里，一边还要奋力驱赶传染疟疾的蚊子。除了我不喜欢蚊子，其他的一切都让我感到十分激动。

这样的旅行持续了大约一年之久，随后我打算继续前往更多的国家。有一次，我本来准备从西非的利比里亚飞往贝宁，然后转往南非的约翰内斯堡。由于非洲的航班十分有限，所以我估计，要想节约开支，不如先从贝宁飞往欧洲，然后再飞往约翰内斯堡。既然这次旅程相当漫长，我便计划独自在非洲停留几天，然后再继续前行。

> 旅行是唯一种能够让你变得更加富有的消费。（佚名）

在此之前，我曾经到过欧洲几次，但只去过像法国和荷兰这样的国家，而且还是和别人一起去的。当旅行社为我订票的时候，我发现到布达佩斯的价钱和到巴黎一样。真是太好了。随后，我又从布达佩斯乘坐火车来到布拉格。在其间的六个小时里，我回想起自己迄今为止都去过哪些地方。

我开始计算自己到过的国家，发现总数大约在 50 个左右。“不错嘛，”我心想，“但是怎样才能把这个数字变成 100 呢？”于是，我估算了一下前往 100 个国家所需的花费和时间，发现如果能够定期旅行的话，大致需要 3 万美元和几年的时间，我就可以再去 50 个国家。令我感到吃惊的是，这个数字比我预想的要小很多。当时，我在国内的许多朋友正在买车，他们买的一般都是运动型多功能汽车（SUV）或小型货车，这笔费用有时候甚至会超过 3 万美元。在海外生活的经历让我对简单节俭的生活产生了一种全新的认识，所以我根本不想再花那么多钱去买一辆汽车。我选择了游历世界，而这也是我非常乐于进行的一项投资。

回到美国以后，我进入了一家研究生院，并且利用学期间的假期继续游走于世界各地。在第一年，我就到过缅甸、埃及、科索沃、摩尔多瓦和乌干达。我旅行的次数越多，就越发对旅行感到如鱼得水。在此期间，我还学会了不少节省旅行费用的诀窍，比如购买一张环球机票，使用航空里程积分，或采取其他方法，让自己无论飞往世界上任何一个地方的单程机票价格都在 400 美元左右。

在本书第 1 站我曾经讲过，最有意思的事情是，一旦你设定了自己的远大目标，并且开始认真对待，你就会发现实现这个目标的时间要远比自己预想得早。对于我想要前往 100 个国家的目标来说，情况也是如此。在一开始旅行的时候，我就曾订下一张“环太平洋”机票。也就是说，我可以从美国出发，先到北亚地区进行游览（包括中国、韩国和日本），然后在其他地区稍作停留（包括越南、中国香港和新加坡），最后经由太平洋南部（包括澳大利亚和新西兰）返回国内。到香港以后，我乘坐轮渡前往中国的另一处领土澳门。在其间一个小时的旅途中，我拿出自己此前的记事本，发现自己已经到过约 80 个国家，距离我定下 100 个国家的目标的时间间隔还不到两年。

> 对我来说，旅行不在于到哪里去，而在于出发。我为旅行而旅行。最好的事情就是不断前进。（罗伯特·路易斯·史蒂文森）

就在那时，我的脑海里忽然浮现出这样一个念头：与其把这个目标定为 100 个国家，为什么不干脆定为世界上所有的 193 个国家？于是，我试图在接下来的旅程中计算出这个目标所需的时间和花费。要知道，目标和梦想的不同之处在于，目标都有一个时间限制。因此，我把完成这个目标的最后期限定在我 35 岁生日那天。当时，我还有五年的时间。在澳门旅游的整个过程中，我的头脑在飞速旋转。我真的能够走完全世界 193 个国家吗？要是事情进展得不够顺利，或者我的钱用光了怎么办？

返回美国以后，我把自己的想法告诉了家人，然后认真地思考

了几周，终于正式定下这个目标。也许，就在你读这本书的时候，我还在旅途中，或已经接近尾声。最近，我又去了不少有趣的地方，叙利亚、伊拉克、巴基斯坦、蒙古、斯威士兰……不过，由于往返世界各地本身就是一件极为困难的事情，所以要想把目标从 100 个国家上升到 193 个国家，其间的坎坷可想而知。

我现在居住在美国西北部太平洋海岸，但所谓的家也只不过是我在周游世界的一个栖息处而已。无论是在亚洲、非洲还是欧洲的许多地方，我都能够找到家的感觉。近来我还发现，自己已经完成了一个从未正式确立的重要目标，那就是让整个世界都为我而开放。现在，我可以随时前往我未曾到过的任何一个国家，然后本能地就知道如何融入当地的生活。在频繁造访世界各大洲的许多地方时，我都觉得好像回家一样。

如果你喜欢这种吉卜赛式的生活，我相信世界也一定会对你敞开大门。当然，我们所处的这个世界正在变得越来越小，然而这不只是一个全球化的问题，而是关于本书从始至终都在谈论的一个问题——如何按照自己喜欢的方式去生活，并专注于对你最重要的事情。

每个人都有属于自己的旅行方式

本站谈论的主要话题是关于探索世界，但我知道，并不是所有人都喜欢按照同样的方式去探索我们身边的世界。有些人可能并不喜欢频繁旅行或搬到其他国家去旅居。要知道，这只是我个人的做法。我之所以要谈到我的游牧式旅行，首先是为了让你认识到，如果你为了实现自己的想法而努力付出，任何梦想都可能成为现实。我虽然创立了你的事业，但并不富有。此外，与正在阅读本书的读者比起来，我并没有什么明显的优势。

其次，即使不是所有人都喜欢旅行，我也知道，每当你询问他人“如果让你选择做一件事情，你最想做什么？”时，其中最常见的一个回答就是，“我想到更多的地方去旅行。”当然，可能每个人对旅行都有不同的渴望。有些人想要去东南亚地区探险，有些人想要到海地去冲浪，还有些人也许会选择到非洲或拉丁美洲去从事义工。但关键在于，许多人都会把旅行作为自己最想做的事情。

因为每个人都有他所喜欢的不同的旅行方式，我就把自己的方式称为“另类冒险”。我这种独特的旅行方式源于贯穿本书的一些原则：总有一种可以选择的方式去达成某个目标；你应当按照你的想法而不是他人的期望去生活；你的目标应当是竭尽所能地让你喜欢的事情朝着一个方向发展，实现最大的融合。

如果你对探索世界毫无兴趣，那么你完全可以跳过本站的其余内容。不过，我还是请你三思，因为我发现很多人尽管口头上声称自己并不喜欢旅行，但实际上往往也梦想过至少一处在离开人世前想要前往的地方。我相信，只要你能每天存上两美元，在不到两年的时间里，你就可以去那个地方。还有许多地方的花费甚至更少，如果你能每天积攒两美元以上，就能更快地实现自己的目标。除非你真的对外面的世界毫无兴趣，否则，不妨考虑一下能让你走出你目前所处环境的几种选择。

如何走出目前所处的环境，开始周游世界

如果你对周游世界这个想法还感到很陌生，那么真正做起来恐怕需要一定的胆量。选择从何入手不仅可以反映出你的独特个性，也可以反映出你的处事风格。

周密计划。制订计划的人就像提前为某个项目绘制图纸的工程师。如果你希望我能够谈一下这种做法的缺点，我可能说不出什么所以然。只要我因为一时错误或计划不周陷入某种困境，我就会后悔自己没有事先画好这张图纸。既然我总是在这方面疏忽大意，所以你只能自己设法制订周密的计划。其中包括寻找旅游指南、制订日程安排，甚至还要检查一下你是否已经预订了返程机票，免得到时候回不来。

投石问路。“迷你假期”（mini-breaks）概念的盛行，部分原因在

于罗尔夫·伯茨（Rolf Potts）的《天涯浪游》（*Vagabonding*）、蒂莫西·菲利斯的《每周工作四小时》以及来自世界各地旅游博客的亚文化群体。当网络开发商科迪·麦吉本（Cody McKibben）迁往曼谷时，就采取了这种做法。他从加州买了一张机票，并在机场拿到了为期 90 天的落地签证。科迪说："太好了！看来我有三个月的时间思考接下来该怎么做了。"他把自己的公寓住所发到了 YouTube 上，每个月的房租只有 200 美元多一点，这让科迪在加亚的朋友大感意外。

在接下来的三个月里，科迪很快就适应了泰国的生活。随后，他创办了一家小型咨询公司。虽然科迪并不富裕，但他丝毫不以为意。他把大部分时间都花在当地的一家慈善机构"追寻美好"（In Search of Sanuk）上。这个机构是科迪一位长期侨居泰国的朋友建立的。

放手一搏。有些人可谓是计划专家，但一到需要采取行动的时候却瞻前顾后。为了避免这种可能，你可以购买一张环球机票或单程折扣机票，然后收拾行装，直奔机场。至于接下来的一切，就让它自然发生吧。如果一开始你选择的目的地没有超出你的经济负担，那么想要执行起来其实并不困难。有些地方不仅花费较少，而且非常值得一去，这其中包括拉丁美洲的大部分国家，东南亚次大陆的柬埔寨、老挝、泰国，还有南非。

前软件工程师加里·阿尔恩特的做法更进了一步。"我想周游世界的念头不是逐渐产生的，"加里告诉我，"而是突然出现的。有了这个念头以后，我知道自己就非做不可。"他带着一个旅行箱离开了家，把凡是放不进箱子里的东西都送给了别人，然后便独自踏上了旅途。至于今后他还会前往哪些国家，阿尔恩特准备留待以后再作出决定。两年以后，他已经到过 70 个国家，而且现在仍然没有停止他的脚步。

珍妮和文斯·迪夫妇也是这样做的，只不过他们还要带着三岁的孩子。今年，他们的女儿已经六岁了，而且还能熟练地说两种语言。在过去的三年中，他们一直在世界各地旅行。迄今为止，文斯一家已经到过 30 多个国家，大部分时候他们都是骑着自行车、乘坐货车和公共汽车跋山涉水，有时候他们采用的交通工具甚至闻所未闻。①

工作旅行不分家，这就是我的生活

我所选择的另类生活方式让我每年都能周游世界而又不用花费很多的开销。我一般会利用自己在长期旅行中积累的客户忠诚度计划积分免费入住某些旅馆（关于这一点，我们将在随后讨论），或临时寄住在热心朋友的家中。有一次赶早班机的时候，我甚至就睡在机场的地板上。就像我们留给工作的时间有多长，工作就能做多久一样，你的创新能力和冒险精神也能决定你的旅途能延伸到多远。

一般来说，每年我都会前往世界各大洲几次，每次花两至三周的时间。在这段时间里，我通常会游览好几个地方，至少要跨越两个大洲，而其中至少有一处是我此前曾经去过几次的地方。迄今为止，我已经在世界各地辗转数年，所以无论到哪都能很快融入其中。刚刚踏上旅途的人经常会受到的文化冲击而感到无所适从，但我对此却早已轻车熟路。

我旅行的目的既不是为了游山玩水，也不是为了参观博物馆。在接受旅行采访时我最常被问起的问题大都是一些细枝末节的事情。你用什么牌子的背包？我没有背包。你吃过的最古怪的东西是什么？我是一个素食主义者，所以“稀奇古怪”的食物都不在我的考虑之列。你最喜欢哪个地方？我喜欢的不止一个地方，而是许多地方，其中包括南非、中国香港、马其顿、约旦和智利。

我认为与其在行李问题上绞尽脑汁，不如让自己尽情探索。你可以坐在公园的长凳上读书，也可以做你喜欢的任何事情。我并不认为我就是旅游方面的专家，也不觉得自己能够做一名合格的导游。不过，在过去的 10 年中，我的护照上已经盖上了将近 1 000 枚印章，所以无论到哪里，我都能很快适应下来并融入其中。

---

①关于加里·阿尔恩特的旅行，可登录Everything-Everywhere.com。至于文斯一家的故事，我们在本书第3站已经做过介绍，详细信息可以登录SoulTravelers3.com。

我的工作和旅行几乎是同时进行。如果我住的是旅行社或招待所，那么每隔几天我就会来到一家商务酒店，以便及时浏览我每天都能收到的数百封邮件。如果哪一天早晨美国东岸有人在我的博客上发表了一篇重要的帖子，而我当时正在亚洲旅行的话，我就会定好闹钟，以便在第一时间掌握最新的反馈意见。

因为我总是居无定所，所以在从事合作项目时，我会尽量迁就他人的时间安排。有一次在科威特的时候，我从晚上 12 点睡到次日凌晨 4 点，然后起床通过 Skype 网络电话参加会议，接着独自沿海边跑步，最后再回到床上继续睡到中午。如果你打算在科威特跑步的话，白天那里的气温甚至会超过华氏 120 度（将近 49 摄氏度），所以凌晨 4 点无疑是最好的选择。有时候，虽然在旅行途中我也会感到压力重重，但我可以在世界上任何一个地方继续工作，而且在大部分情况下，这种压力最终都会带来良好的结果。

享受波澜起伏的旅行：挑战和低谷同在

为了让我的梦想变成一个切实可行的目标，虽然我已经竭尽全力，但无可否认，有时候事情并不总是一帆风顺。有一次在蒙古的时候，我三更半夜被人从自己的旅馆里赶了出来，因为有人愿意花更大的价钱住进这个房间。在巴基斯坦和沙特阿拉伯的时候，我差一点就因为签证不对而惨遭驱逐。无论上述哪一种情况，我最终都化险为夷。但在每一个地方都免不了浪费很长一段时间，而我只能惶惶不安地坐在移民局的办公室里，旁边还站着一名荷枪实弹的卫兵。虽然前一个国家已经宣布我离境，但新的目的国还没有承认我入境。

当然，挑战和低谷都只是旅程的一部分，我也遇到过令人兴奋的时刻。在伦敦的希思罗机场，我有机会在维珍大西洋航空公司头等舱的贵宾休息室里待了四个小时。在这里，我甚至可以享受免费的 SPA 护理，不过我还是选择了理发。既然到了这里，我当然想要坐在理查德·布兰森坐过的位置上。[①]听到我的这个要求后，发型师笑着说，"想要坐这个位置的可不止你一个。"

换句话说，我乐于挑战波澜起伏的旅行。就像循规蹈矩、四平八稳的人不可能改变这个世界一样，我认为，**按部就班的旅行也不会带来任何值得珍藏的回忆**。无论是香槟也好（在维珍大西洋航空公司的头等舱里），蚊子也罢（在每一个地方的旅馆和长途汽车上），我都乐于接受。即使我的某次经历不够顺利，或发现自己不喜欢某个地方，我也总是可以找到下一个值得前往的去处。

旅行省钱的窍门

这本书讲的不是关于旅行省钱的诀窍，而且其中的一些做法也不见得适合所有人。但是，如果你对这个话题感兴趣，下面就是我在周游世界期间学会的一些旅行省钱的窍门。如果你想要了解更多信息，可以参考本书结尾附录C中的网络资源。

◆ 如果你在某家航空公司取得了高级会员资格，就可以要求在其他一些航空公司进行"特殊升级"，从而成为各大航空联盟的抢手客户（需要注意的是，有些航空公司终生只允许进行一次特殊升级）。

◆ 如果你在旅行时陷入了某种两难的境地，不妨登录FlyerTalk.com论坛求助。其中有些版块的专业人士比我的旅行经验还要丰富，因此如果你能够客气地向他们请教，不少人都会对你的旅行安排或航程问题进行热心指点。

◆ 如果你想要寻找住宿的地方，但发现宾馆的价格都很高，可登录Hostels.com，其中关于旅馆和小型招待所的数据库非常全面。除了集体宿舍以外，大部分旅馆还提供单人房间、

①理查德·布兰森是维珍集团的创始人，也是世界上最具传奇色彩的亿万富翁。他以特立独行而著称，曾经驾驶热气球飞越大西洋。——译者注

免费早餐和互联网服务。如果你喜欢结交朋友，可登录沙发客(CouchSurfing.com)，免费寄住在当地驴友的家里。

◆ 在Priceline.com网站上可以搜索有关宾馆打折的信息(不过有时候机票价格太贵，所以上面提供的打折信息不一定划算)，不过这家公司对消费者隐藏了成功的最低竞价信息。为了能够看到这些内容，你可以用谷歌搜索“Priceline winning hotel bids”。我曾经就采用过这种做法，以60美元的价格住在布鲁塞尔的万豪酒店（一般情况下是240美元），以45美元的价格住在布拉格的喜来登酒店（一般情况下是195美元），还有世界上许多其他不错的酒店。

◆ 如果你觉得横跨大西洋的航班机票价格高昂，不妨乘坐豪华游轮。这些游轮一般每年两次，大都从地中海前往美国（还有一小部分游轮会从阿拉斯加开往东亚，或从加利福尼亚经由巴拿马海峡开往佛罗里达州）。

◆ 在航程较长时，我就会使用环球机票。虽然订票过程需要一定的时间，但如果你经常外出旅行，就值得花点时间仔细研究一下。我通常会通过“寰宇一家”（OneWorld）或“星空联盟”（Star Alliance）航空公司预订自己的机票。

◆ 大多数人都可以在不改变自己消费习惯的前提下，每年较为轻松赚取2.5万英里（约合4万公里）的旅程。这几乎相当于一次免费旅行。如果你喜欢旅行，不妨多花点时间，看看自己怎样才能够较为轻松地在一年当中赚取10万英里（约合16万公里）的旅程。

◆ 在兑换个人航空里程积分时，你可以向合作伙伴的航空公司申请奖励，这种做法往往比从国内航空公司订票更为划算。我就曾经利用航空合作伙伴的奖励计划前往蒙古（使用达美航空公司的“飞凡里程常客计划”预订大韩航空公司的机票）、科威特（使用美国运通公司积累的点数预订卡塔尔航空公司的机票）和其他几十个地方。

也许不是每一个人都适合环球旅行，但这却是我最喜爱的生活方式。这本书的大部分内容都是我陆陆续续在至少 10 个国家的旅行途中完成的。有一次，当我写不下去的时候，我以最低票价预订了一张从洛杉矶前往温哥华的单程豪华游轮船票。白天的时候，我不是躲在自己的船舱里，就是坐在甲板上，草草地写下几行文字，留待以后继续编辑。当油轮航行到金门大桥的下面时，我已对下一站的内容有了构思。虽然，比起我在 2007 年飞往南太平洋地区复活节岛和 2008 年夜间乘坐公共汽车穿越阿尔巴尼亚的经历，这次旅行毫无惊险可言，但我很喜欢这样的氛围。

到家以后，我又重新回到了我的网络世界中去，并开始搜寻前往东帝汶的航班。距离我所设定的期限已经所剩无几了，而我还有很多国家要去。

请记住

★ 大多数人至少有一处“有朝一日”想要前去的地方。如果你能每天存上两美元，在不到两年的时间里，你就可以去往那个地方。

★ 无论在世界上的哪一个地方工作，都不会包括带着笔记本电脑坐在沙滩上。周游世界并不适合所有人，也不总是一帆风顺，但对我和其他许多人来说，这种经历是值得的。

★ 就像人生当中的大部分事情一样，如果你能够认真对待关于旅行的想法，你就能够设法实现几乎任何一个目标。

★ 旅行省钱的窍门不仅能够减少你的旅行成本，也可以让你体验到比常规旅行计划更加有趣的经历。

★ 你自己喜欢的旅行方式，胜于其他任何人关于乐趣和冒险的想法。找出你最喜欢的方式，然后再根据这些喜好来制订你周游世界的计划。

辉煌岁月的危险

用秒表为你的遗产工作计时

按照成果而不是时间衡量你的工作

1 000字的衡量标准

10

过程和目的地，这两者并非截然对立

第10站

精神堡垒：从现在开始，构建你的遗产

有些东西是人获得满足的根本。这些需要的实质包含在“生活、关爱、学习和留下遗产”这几个词中。留下遗产的需要是我们的精神需要，感到有意义，有目标，内心平和，作出了奉献。（史蒂芬·柯维）

沉浸在过去辉煌岁月的，只有他自己

我坐在房间里的最后一排，此时台上的演讲者正在滔滔不绝地讲述他作为越战老兵的辉煌岁月。在刚开始的5分钟里，我觉得这是一个不错的故事，其中既有爱国热忱和战友深情，也有作为一个年轻人在动荡年代被遣往东南亚战场后对于外部世界的认知。

故事持续进行着。直到10分钟、15分钟、20分钟过去了，他才把话题从战争转向原定的演讲主题。这场饱受争议的战争（越南战争）发生在30多年前，但听他的口气，却好像刚刚从阿富汗的战场上归来一样。他所讲述的故事仿佛就发生在昨天，每一个听众都明白，正是过去的戎马生涯造就了今天的他。但是，我忍不住想问这样一个问题——在过去的30年里，他一直在做什么？

> 人生的方式只有两种：一种是认为不可能出现奇迹；另一种则认为每一件事情都是奇迹。（爱因斯坦）

我看了看房间的四周。在进行演讲时，如果你的听众超过了200人，那么有一件事情可以肯定，那就是总会有几个人喜欢听你讲的一切。每隔几分钟，就会有一阵稀稀落落的掌声从人群中传出。但除此之外，我看到有人正低头看自己的手机，也有人在与邻座交头接耳，还有人正在阅读与这次演讲毫不相关的文学书籍。大多数人都已经开始感到倦意。当这位演讲者正在慷慨激昂地叙说自己年轻时代的那段辉煌事迹时，我们已经将注意力转向了当下。

你知道吗，成功有时候也是一种危险

总是怀念过去的辉煌是危险的，我当然希望自己能够免俗，但事实却并非如此。2006 年从非洲回国以后，我几乎逢人必讲，自己在过去的四年里都做了些什么。如果那年夏天我在西雅图开始新生活时遇见了你，在相互介绍的前几分钟里，我一定会向你提及此事。是的，我认识利比里亚总统。另外，我有没有和你提到过，有一天下午，我曾在开普敦和南非大主教戴斯蒙·图图共进咖啡？

这些都是我的个人经历，也是我对自己的某种认同。对于这段时光，我感到尤为自豪。可是，日复一日，我发现我还是在对我遇到的每一个人讲述这段经历。我想，有些人也许会兴致勃勃地想要了解更多情况，而其他人很可能更加关注自己的人生和当下正在发生的事情。实际上，我们大多数人都是这样想的。

> 去做些美好的事情，人们可能会竞相效仿。（艾伯特·史怀哲）

在西非从事义工的那几年成了我人生当中一个重要的部分。虽然我现在的大多数看法都来源于那段时间里艰难而又充实的经历，但通过各种事情，我逐渐意识到，我必须放下那段岁月，把自己的精力转向其他事情。

我开始考虑下一步的计划及长远的目标。难道我还要把我在西非的那段经历向遇到的每一个人讲上 30 年吗？如果是这样，那么我与那个在战争结束几十年后仍然停留在自己回忆之中的人又有什么区别？我忽然明白，我的人生需要的不只是过去发生的事情。同样，如果你曾经认真考虑过，如何才能为这个世界留下持久的影响，我们的看法应该不谋而合。

“人生中最美好的时光”，你还在紧抓着不放吗

每一个人都有过一些重要的经历，正是这些经历塑造了我们将来的人生，并让我们形成了自己的世界观。对于大多数人来说，这些经

历可能来自高中或大学。在那些日子里，我们感到与身边的人们和整个世界都紧密相连。对于另一些人来说，他们的辉煌时刻则来自某个诸如军营或者球队那样息息相关的集体。还有一些人会认为，人生中最美好的时光来自远涉重洋的出国旅行、一段崭新的恋情，或者，一份期盼已久的工作。

诚然，我们都应当为自己的辉煌岁月而感到骄傲，因为在那段时间里，我们有了重大的发现，经历了长足的进步。回首往昔时，我们经常会把这些日子称作自己“人生中最美好的时光”。在面临巨大挑战时，我们毫不畏缩、勇往直前。当这一切突然成为过去，我们不免会觉得悲喜交加，除了感到充实以外，我们的心头不禁会掠过一丝惆怅。

然而，在这段美好时光结束以后不久，另一种生活已经悄然来临，因此我们必须将它们放到一旁，并且把注意力转向其他事情。如果此前的经历真的很不平凡，难道它们不应当成为我们接受更大挑战的动力吗？如果我们能够从中吸取经验教训，然后把它们运用到更好的事情中去，我们的未来会是什么样子？

当我们心甘情愿地放下过去的辉煌时，我们并不是想要忘记它们——因为无论我们再怎么努力，也不可能完全忘记。反之，我们应当告诉自己：“这些事情的确是不可思议，我有幸能够拥有这样的经历。但既然过去的成就让我作出了重大的改变，那么今后我就应当想方设法让自己拥有更多这样的经历。”

这里有一个创新的想法：无论你正处在人生当中的哪个阶段，也无论你是年轻还是年迈，都不妨把每一天看做是你人生当中的第一天。如果我们能够意识到，我们所能拥有的只有今天，我们就会产生两种截然不同的看法。好消息是，过去的失败已经发生，因此没有必要一直让自己活在过去。

坏消息是，过去的成功也已经成为历史。虽然偶尔回忆往昔是一件有趣的事情，但过去的事情终究已经过去，我们所能拥有的只有现在。因此，我们希望自己能在接下来的日子里，让这个世界发生一些长久的改变。如果你也觉得不应当总是停留在过去的辉煌，而是应当始终朝气蓬勃地追求更多美好的时光，那么不妨开始考虑，你究竟能够为这个世界留下些什么？我希望你昨天就开始考虑这个问题，如果你还没有，就从今天开始吧。

追寻生命的意义和两个重要的问题

让我们回到在前文中提到的两个重要问题上：

> 你究竟想从人生中得到什么？
> 你能为这个世界作出哪些特殊的贡献？

对于这两个问题，无论你的回答是什么，你最终都会发现，你正在追寻的是充实的人生以及怎样才能为他人创造一个更加美好的世界。

在《追寻生命的意义》一书中，奥地利精神病学家维克多·弗兰克尔谈到自己曾经在集中营里被关了三年。除了讲述自己在集中营里的悲惨遭遇，对于人生的意义和使命，弗兰克尔提出了他独特的观点。按照他的说法，我们可以通过两种途径去追寻生命的意义，“通过创造一种工作或做一件实事”，或者，“通过我们对于不可避免的痛苦的态度”。

希望我的这本书不会让你感到痛苦，所以我们就来看看弗兰克尔所说的第一种途径：创造一种工作或做一件实事。我把这一伟大的事业称为“创造遗产的工程”，而把我们为了完成这一事业所做的工作称为“创造遗产的工作”。你或许早就知道，所谓遗产是关于临终前的一件事情。保险公司把遗产当做他们的推销工具，而政治家们往往在下台之前才会考虑自己会留下什么样的政治遗产。根据这一定义，似乎只有当你年事已高并开始回顾自己的人生时，才应当开始考虑你会为这个世界造成哪些持久的影响。

> 改变是困难的，但不改变却是致命的。（佚名）

但我认为，这种看法未免有些狭隘。对于创造遗产，与其坐等，为什么不在结束某个特定角色或整个人生之前就尽早开始考虑呢？当你快要走到人生的尽头时，你已经没有机会改变业已发生的事情。正因如此，我才认为无论你年轻还是年迈，正处于人生的高潮还是低谷，都应当从现在就开始考虑自己的遗产问题，

从西非回国以后，接下来的几个月里我始终难以走出过去的日子，但随后我意识到，自己必须抛开过去，继续前行。于是，我把那时的照片放在一旁，再也不向别人提起过去的事情。虽然这并不容易，但我必须开始一项新的创造遗产的工程。对我来说，这个目标就是要做到心无旁骛，成为一名“真正的作家”。不过，我所说的“真正的作家”并不取决于一个人的收入和地位，而是指将自己的大部分精力都用于写作上。最初，我的动机是要将自己的想法告诉那些关注自己的人。在接下来的两年里，我对这个问题进行了反复思索，尝试了不同的办法，以弄清什么才是最基本的东西。

为了创造遗产工程，有时候你需要拒绝许多其他看似合理的选择。这是因为创造遗产的工作不同于好的和富有成效的工作。你是否记得，在本书第6站我们曾经提到过一个“为什么”的问题？在这里，你同样可以采取这种方法对这个问题进行深入分析。事实上，如果你想要创造出某种对他人具有巨大价值、其影响甚至超出自己人生的工作，你就必须对这个问题作出明确的回答，“这会如何对他人产生帮助？”

一开始，想要回答这个问题可能十分困难，因为在这个过程中，我们往往会发现，在我们所做的事情中，很少有哪些是具有真正价值和长久意义的。如果真是这样，你也不要泄气。要知道，大多数人只有到自己的日子进入倒计时的时候，才开始考虑自己的“遗产”问题。如果你能比他们开始得早一点，你就可以捷足先登了。

当你开始准备创造某些意义超出自己生命的工程时，可以通过下面的几个问题认清这个项目应当具备哪些特点：

★ 工程前景——整个世界会因为此项工程而发生哪些改变？

★ 受益人——哪些人会从这项工程中受益？

★ 主要方法或媒介——你将如何开展你的工作?

★ 工程成果——你的工作将产生什么样的结果?

★ 衡量标准——如何判断你是否取得了成功?

正如你所认为的那样，你的遗产工程应当具备你自己的特点。下面，我会列出关于我的“不顺从”工程的一些特点，但由于每项遗产工程都会因人而异，故以下内容仅供你参考。

工程前景：旨在让人们打破常规，创造非凡的人生。

受益人：至少 10 万名充满热情、想要过与众不同的生活并改变世界的人士。

主要初始方法或媒介：写作（除此以外，我还会制作一些多媒体资料，并且参加个别见面活动。）

工程成果：每周至少撰写两篇文章，每年出版一本书，定期从事专栏写作，每年至少 30 万字。

衡量标准：网站访客、邮件订阅者、网页浏览数、友好电子邮件的数量以及社交网络的统计数字。

我之所以会以写作为例，是因为写作是我最擅长的事情，但对于一项创造遗产的工程来说，你还可以作出许多不同的选择。加里·帕克博士选择在非洲定居，为那些缺乏医疗保险的患者无偿进行外科手术。我相信，大多数人都会同意我的看法，因为这些足以改变他人一生的手术无疑是一项极有意义的遗产工程。但如果要选择这条道路，在拿起手术刀之前至少需要经过数年的训练，所以我还是选择了写作。

如何让自己专注于创造遗产的工作

当你确立了你的遗产工程时，就会希望能够专注于自己的遗产创造工作。然而，就像我们大多数人一样，你很可能每天都要面临遗产工作和日常工作的冲突。商企咨询顾问、“蜡笔盒公司”创始人迈克尔·邦吉·斯坦尼尔曾提出，我们花费时间从事的每一项任务和工程都不外乎三种类别：差劲的工作，不错的工作，很棒的工作。人人都知道，我们应当尽量减少那些差劲的工作，但关键在于，不错的工作不同于很棒的工作。所谓“不错的工作”，就是指那些有益的、富有成效的工作。**不错的工作本身没有什么错处，但问题在于，我们已经有太多不错的工作。**与此不同的是，“很棒的工作”是革命性的，因为它会带领我们走向创新。不错的工作无一例外都让人感到宽慰，而很棒的工作在让人感到宽慰的同时也会让人感到不安，因为它会鞭策我们不断向前。

迈克所说的“很棒的工作”其实正是我所说的创造遗产的工作。因此，我们的目标就是尽可能地从我们的劳动时间里去除那些忙忙碌碌又毫无益处的工作，取而代之的是我们创造遗产的工作。在一天当中，如果我创造遗产的工作占到了全天的50%，我就会感到心安理得。反之，我就会因为浪费了有去无回的一整天而感到心情沮丧。有人也许会说，用生产力来判断一个人的福祉和自我价值是不对的，但我却认为，只要这个办法行之有效，就不妨大胆采纳。如果这个办法也对你管用，就不要为此斤斤计较。如果这个办法行不通，你就需要找到其他能够让你专注于遗产工作的途径了。

无可否认，评估遗产工作的过程往往会带上一些主观色彩。但是，既然我能够分清什么时候在从事遗产工作以及什么时候只是碌碌无为，所以即使有一些主观色彩，我也不以为意。如果你天生对数字十分敏感，或喜欢量化工作，那就不妨在进行衡量时采取一些更加客观的措施。

吉姆·柯林斯，身为《从优秀到卓越》和其他一些经典商业策略书籍的作者，他所处的位置经常令人嫉妒，因为他可以自由支配自己的时间。不言而喻，他喜欢把自己的大部分时间都花在工作上，但他在写作和演讲方面都取得了巨大的成功，因此总会遇到不计其数的邀约。吉姆决定把自己的大部分时间都花在自己的遗产工作上，所以每逢工作日他总是随身携带一块秒表。秒表上有三个独立定时器：一个用于“创作”，一个用于“教学”，另一个则用于“其他”。如果他所做的事情不属于前两个范畴，就会被列入“其他”。吉姆工作日的所有时间都是严格用秒表计算的，当一天结束后，他会把这些时间在电子表格里记录下来，然后将最终数据贴在一面白板上。

吉姆记录下这三段时间的移动平均值，他为自己定下的目标是至少花 50% 的时间在研究和写作上，30% 的时间用于教学，其余 20% 的时间则用于其他事项。如果一天之中从事与教学和创作无关事情的时间只能占到 20%，这不能不说是一种挑战，所以吉姆对自己的时间总是锱铢必较。

吉姆甚至还清楚地知道如何调控自己每天的睡眠时间，从而有助于提高自己的生产力，所以，他除了记录自己的工作时间，也会记下自己每天的睡眠时间。他说，如果在 7 ～ 10 天内自己的睡眠时间不足，他仍然可以继续从事教学和其他工作，但却难以继续创作，而创作才是他最为重要的任务。因此，尽管许多演讲邀请和咨询项目可以为他带来丰厚的报酬，他也始终坚持自己的这一原则。吉姆的目标不是赚钱，所以他每年只接受 18 次演讲邀请，而其中将近三分之一是为非营利性机构而演讲。对于这种紧张的生活和创造超出自己生命的遗产工作，吉姆乐此不疲。就像咖啡一样（至少我是这样认为的），这种上瘾的方式也不错[①]。

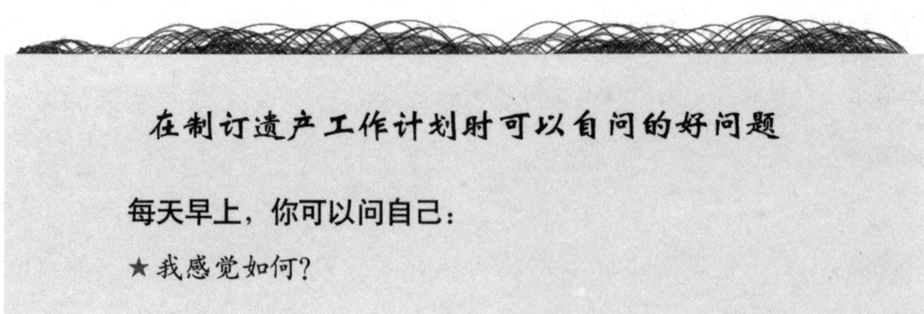

在制订遗产工作计划时可以自问的好问题

每天早上，你可以问自己：

★ 我感觉如何？

①该部分内容是依据 2009 年 5 月《纽约时报》亚当·布莱恩特对吉姆·柯林斯的报道而写。

★ 我现在最想要的是什么？

★ 我今天能做的最重要的一件事情是什么？

每天晚上，你可以问自己：

★ 我今天帮助了谁？

★ 我今天花了多少时间进行创造？

★ 我今天是否离我的大目标又近了一步？

★ 我今天做了多少运动？

★ 我今天摄入了多少糖分、咖啡因和酒精？

★ 我希望怎样度过明天？

你要怎样衡量自己的遗产工作

遗产工作的一个关键原则在于，它通常包含了某些创造性的内容，而不是对业已存在的事物作出消极的反应。当你在创造时，你就会开创一项全新的工程或互动。当你作出反应时，你却只能维持业已存在的互动。下面这些建议也许可以帮助你把更多的时间用于创造。

按照成果而不是时间衡量你的工作。我可以坐在桌前花八个小时在网上冲浪，但最后很可能没有取得任何实质性的成果。哪一种更重要，让自己露面八个小时，还是从事真正的工作？相信我，对于怎样浪费一整天的工作时间，我再清楚不过（我这样做的次数要远远超过自己愿意承认的）。如果我的一天是这样度过的，那么将它记录下来很可能就是下面这个样子：

★ 把资料随处乱放。

★ Gmail 或 Outlook 始终处于在线状态。

★ 一遍又一遍地在不同的网站浏览新闻。

★ 由于对某封电邮感到不满，不惜花 30 分钟起草一封语气优雅的回信（然后对其中曲尽其妙的措辞感到洋洋得意）。

★ 重新整理自己的文件柜。

★ 支付账单，然后查询自己网上银行的账号余额。

★ 浏览几个自己最喜欢的博客。

对于这份记录，你或许还可以增加不少条目，是吗？毫无成效的会议随处可见，幸亏大部分时候我都不用参与其中，但如果一整天都无所事事，其危害显然更大。上面列出的这些事情没有哪一样真的十分重要，所以我更倾向于按照成果而不是时间来衡量自己的工作。

如果我在八个小时里只是盯着电脑屏幕浏览新闻，这个世界不会因此而变得更好。但如果我能利用 30 分钟的时间从事那些对读者和客户有价值的事情，至少世界上的一小部分人会因此而受益。我的工作成果包括文章、论文、产品创作和采访等。对于一名艺术家来说，他的工作成果也许是油画、歌曲，或其他实质性的东西。如果你的工作主要是围绕客户展开的，那么你的成果就应当是为他们提供的产品。总之，无论你的成果是什么，都应当以此而不是时间来检验自己的工作。

为你的遗产工作设定一个持续的衡量标准。除了长期坚持为网上读者进行写作以外，我还定期在报纸专栏发表文章，每周在其他网站发布帖子，为其他博客发表客座日志，为旅游和商业杂志自由撰稿，以及为我的“非传统指南”业务撰写长篇资讯说明。我为其中的每一项工作都设定了最后期限，并通过非常简单的管理方式督促自己完成这些目标。不过，除了具体的完成期限以外，我还定下了一个“1 000 字”的通用标准。

根据这个标准，我每天至少要完成 1 000 字的写作内容。当然，这些内容并不见得适合出版，不过在这种情况下，重要的不是最后的结果，而是能够坚持我的原则。我了解自己的弱点，如果在一两天里我没能做到这一点，我就会感到非常不安。因此，除去休息日和偶尔

偷懒的时间，这个标准能够保证我每年完成30万字的内容，其中包括100篇博文、20篇报纸专栏评论、20篇客座日志、3篇产品资讯说明和1本书。

这种做法之所以适合我，是因为我采取了不同的写作方式。如果只是写书的话，我想我恐怕很难完成这么多内容。正是这种多元化的创作让我得以继续下去。此外，需要注意的是，在编辑过程中，不可避免地会减少许多内容。我所遵循的写作和编辑原则非常普通，那就是在写作的时候，要毫不犹豫地记下自己所有的想法，而在编辑的时候，也要毫不犹豫地删去那些无关主旨的部分。因此，按照这个原则来看，在发布一篇博文之前，我的实际写作量往往是最终发表内容的两倍之多。

如果能够稍加改造，这个1 000字原则同样适用于任何具有创造性以及卓有成效的工作。譬如，对一位程序编写员来说，可以是每天写50行代码，而无论其内容是什么。对于一位画家来说，可以是每天至少完成一组素描。如果你能够采取成果而不是时间来衡量你的工作，你就不会在一天结束的时候，因为一无所获而感到追悔莫及。

年龄和经验的无谓比较

我的一位朋友经常喜欢说："人比人，气死人。"当你开始考虑自己的遗产工程时，很可能因为年龄问题与他人进行比较，但这种比较根本毫无意义。如果你在年轻的时候就开始着手这一工程，这当然非常好，不要因为年龄问题让别人小看你。

如果你年纪较大，那么或许你已经在过去的人生当中积累了不少智慧财富。关键在于，对于你多年以前就想去做的事情来说，时间永远不会"太晚"。而且随着年龄的增加，也许你反而更加得心应手。

我个人认为经验比年龄更重要。因为年轻人同样可以积累丰富的经验，而年纪较大的人也有可能缺乏富有的经验。就像你身边既有比你富有的人，也有比你贫穷的人一样，世界上既有比你年轻的人，也有比你年长的人。因此，与其同他人相互攀比，不如同自己做竞争。只有这样，你才永远都不会感到失望。

谁说过程就该比目的地更重要

也许有人会说，难道过程（或者“旅程”）不是应该比目的地更重要吗？我的看法是，两者同样重要。我知道，从根本上来说，从事有益活动以及创造遗产工程的过程也许比最终的结果本身更加重要，但我认为，设定一个目标只会有益无害。因此，我总是更倾向于目的地或成果，然后在这项任务完成之后立即转入另一个新的目标。写完这本书之后，我会计划第二本书的创作。我为旅行而旅行，即使我已经到过世界上所有的国家，我还是会毫不犹豫地继续踏上另一次征途。也许这种看法不免浅显，但对我却行之有效。

希望这种看法与我此前所讲的那些内容并不矛盾（喜欢在亚马逊网站上写书评的人注意了，你可以抓住这一点对我进行反驳），但如果你的目的是严肃认真地创造自己的遗产工程，那么你就应当把那些耗费光阴又毫无益处的工作放到一边，坐下来真正做点事情，并且强迫自己直到取得进展时再起身，因为这种做法要远比任何基于时间的管理方式都更为有效。因此，不要毫无意义地拖延你的工作时间，否则你的遗产工程最终必将滑向碌碌无为。

无论你从前做过什么，你的人生正处于哪个阶段，你都可以从现在开始，致力于为后人留下一些超出你生命的美好的东西。你可以用你独特的、非你莫属的方式帮助其他人，而这也正是遗产工程的意义所在。每个人只有一次人生，因此你最好认真地对待你的人生，并通

过遗产工程为这个世界留下一些具有长期价值的东西。你准备好了吗？

请记住

★ 你过去所做过的那些事情固然很好，但你的将来可能更好，请将你的精力放在那里。

★ 增加创造遗产的工作比重，减少碌碌无为的工作比重（甚至是那些“不错的工作”）。

★ 设定一个持续的衡量标准（比如每天1 000字），从而有助于你将精力集中在对你真正重要的事情上。

★ 带着你的奇思妙想，从睡梦中有醒来，与全世界分享它们。

改变世界未必总是切合实际

排挤反常规的代名词

“现招聘热爱冒险旅行的船员”

你有哪些危险的想法

运气并不那么重要

终点站

迎接下一个新起点

要胆大妄为，要标新立异，要不切实际，要追求一切能够将意义和富于想象力的美好前景结合起来的东西，并以此挑战那些不敢越雷池一步的人，平庸的物种，及平凡普通的奴隶。（塞西尔·比顿爵士）

什么叫“不合情理”“不切实际”“行不通”

我非常清楚，这本书中的一些观点恐怕很难为大多数读者所接受。但是，如果你已经读到了这里，就应该明白，我的意图并不在于吸引大众读者。不过，既然本书的目的是为了帮助你向现状发出挑战，所以你最好知道在现实生活中，人们对此通常会作何反应。

对于那些非传统的观念，最常见的批评就是，它们不合情理或不切实际。我们总会听到这样那样的反驳声音：

> “我们不可能总是随心所欲。”
> “总得有人需要负责。”
> “这在现实世界根本就行不通。”
> “你可不想让医生也打破常规为你做心脏手术吧？”

实际上，“不合情理”“不切实际”和“行不通”正是人们常用来排挤那些不肯对常规乖乖就范的人的常见措辞。对此，我的回答是，这个世界需要更多不循规蹈矩和不愿安分守己的人。如果不是因为这些“不合情理”的人所作出的坚定努力，我们其他的人（包括那些“合乎情理”的人）的生活只会变得更糟。当马丁·路德·金呼吁，美利坚所有获得自由的男人和女人都应当得到平等对待时，他的说法在当时的很多人看来也许更加“不合情理”。当甘地倡议，印度应当摆脱大英帝国统治下的殖民枷锁时，他的观点同样听起来“不合情理”。

创新来自于创业家和那些勇于以身涉险、不断尝试新生事物的人，社会正义的进步来自于那些敢于质疑权威的人。换句话说，在我看来，

"不合情理"或"不切实际"并不见得就是坏事。也正因如此，我才会向那些不满足于此的人们提出另一种选择。把"现实世界"留给那些喜欢它的人们吧，快来加入到另外一个鲜活的世界，因为这里的景色更加迷人。

我曾经在某所教堂工作，由于缺少人手，当时人们有两种意见：一种认为应该雇佣正式的工作人员，而另一种则认为应该让更多志愿者承担责任。那些赞成花钱雇人的人认为，如果没有经济上的回报，就不会有人愿意长期在此工作；而持有相反意见的人认为，教堂里的大部分工作都应该是义务的，如果岗位职责清晰明确，而且聘请合适的人选，那么这些志愿者工作起来要比雇佣的人员更加努力。

你也许已经猜到，我同意后者关于聘用志愿者的看法。就个人而言，我认为如果这份需要人手的任务相当困难，那么志愿参加这项工作的人会比其他任何人都更能够做到坚持不懈。为了说明这个观点，对于下文中欧内斯特·沙克尔顿爵士的事迹，你也许早就耳熟能详。早在20世纪初期，欧内斯特·沙克尔顿就曾经多次前往南极洲探险。当时，他在报纸上刊登了一则颇为著名的招聘启事：

> 一个人能抵抗军队的侵袭，但却不能抵抗思想的冲击。（维克多·雨果）

> 现招聘热爱冒险旅行的船员。报酬较低，气候寒冷，需要长期在暗无天日、险情不断的情况下工作，并且不能保证平安返回。但如果成功，即可获得莫大的荣誉和世人的认可。

这则启事不仅标新立异、特立独行，而且异常有效：虽然沙克尔顿经常遭遇冻伤和缺少资金的问题，但在招聘船员上却从来都没有遇到过问题。在这则"冒险旅行"的招聘启事刊登以后，申请应聘者很快就超过了5 000人。而这次探险活动需要在南极洲搁浅一年之久，在此期间，他们不得不依靠解冻雪水和猎杀海豹维持生命。

你也许用不着前往南极风餐露宿、茹毛饮血，但如果你选择了某种非传统的冒险旅行，就意味着最后你很可能会感到四顾无人、孑然一身。但与此同时，你也会感到自己充满了生机。在大多数人看来，这种按照自己方式去生活的充满活力的感觉足以抵消孤独的感受。

几个危险的看法

本书讨论了不少危险的看法。譬如，事业的安全感应当源于自身，而不是一份传统意义上的工作。再比如，你可以在按照自己喜欢的方式生活的同时帮助他人，这种看法至今还尚未被大多数人所接受。与此相反，按照常规的模式，我们应该先苦后甜，把自己生命中精力最旺盛的时间用于创造财富，以便能够在遥远的数年甚至数十年以后尽情享受。

事实上，对于有些人来说，按照自己的方式去生活在大多数时候都会让人感到不安和困惑。在他们看来，人生似乎就是为了追求那些狭隘的个人利益，而不应该去追求更多的东西。好吧，在我们摇旗呐喊奔向自己目标的同时，不妨先来看看都有哪些危险的想法值得进一步推广。

★ 学生们应当集体站出来改变大学的现状，努力让权力的天平向着那些使得这一体制继续存在的大部分人倾斜。在世界上的任何一个其他机构里，都不会出现这种情况，即大部分人心甘情愿地把权力拱手让给小部分人。评分制度应该予以废止或修改，教学大纲不应该鼓励死记硬背，而应该奖励那些勇于试验、不畏犯错的学生。

★ 如果给“帐篷城”留出足够的空间，在一年的时间里，每个社区就可以减少 80% 的无家可归者。(尽管这一提议遭到了许多人的反对，但却在华盛顿州和魁北克的一些城市里得到了成功的实施。)

★ 如果慈善机构没有解决它们在成立之初就关注的问题，

它们为什么还要继续存在下去？一家企业经营失败后就得关门大吉，慈善机构应该致力于解决问题，并且找到自己的出路。

★ 那些没有暴力倾向的罪犯可以被囚禁在一些“开放式”的中心，每天按时报到，然后在监管之下从事某种工作，这不仅有益于社会，而且也能够帮助他们尽快回归正轨（目前，丹麦和荷兰正在尝试这种做法）。

★ 如果将制度性贫困、营养不良和文盲等问题交给有志于此的个人或者团体来处理，这些问题就可以在数年之内得到彻底根除，而不需要依靠政府拨款。

你不赞同这些观点吗？没关系，那么你都有哪些危险的想法呢？对于这些观点，提出、支持以及推广它们的人必须为自己的言行负责。由于对现状不满，他们正在努力作出改变。当其他人畏缩不前、满腹牢骚的时候，正是他们让我们的世界变得更加美好。

运气并不那么重要

随着本书的内容接近尾声，在此我愿祝你好运。不过，运气的好坏与你接下来的旅程并没有太大关联。无论是运气和命运，还是儿时的环境和社会特权，虽然不能说它们与我们谈论的话题毫不相关，但它们并不是问题的全部。一系列因素的相互作用造就了今天的我们，因此我们的过去无论好坏，责任不全在于自己。

但是，我们必须对自己的未来负责。从今天开始发生的一切，往往与我们的个人运气关系不大，关键在于我们自己所作出的选择。下面，让我们来深入分析一下本站开头所引用的塞西尔·比顿爵士的那段名言：

要胆大妄为，要标新立异，要不切实际，要追求一切能够将意义和富于想象力的美好前景结合起来的东西，并以此挑战那些不敢越雷池一步的人，平庸的物种，及平凡普通的奴隶。

要胆大妄为，要标新立异。如果你选择打破常规，创造非凡的人生，你不仅无法避免失败，还有可能半途而废。虽然如果一种办法行不通，我们还可以尝试另一种，但如果你从来都不去尝试，就只能像梭罗所说的那样，在“行将就木之际还未唱出心底的生命之歌”。

要不切实际。你不需要按照他人的期望去生活。许多发明创造在一开始都被认为是“不切实际”的。纵观人类历史，那些挑战权威的危险思想总是受到拥有权力和财富之人的重重阻挠。

要追求一切能够将意义和富于想象力的美好前景结合起来的东西，并以此挑战那些不敢越雷池一步的人，平庸的物种，及平凡普通的奴隶。这个世界上已经有太多的梦游者和愤世嫉俗的人，因此其他的人都需要你的帮助。虽然我在自己非传统的旅途上也曾经犯过不少错误，但我始终拒绝安分守己，所以希望你也不要循规蹈矩。

走上这条少有人走过的道路是一个良好的开端，但你同样可以开辟一条属于自己的道路。我希望，有朝一日，我们的道路能够在某个地方不期而遇。

现在就看你的了。

后　记

道别，是期待下一次重逢

有人在退订了我的博客以后，给我留下了这样一个便条，“感谢你所做的一切，但现在我要独自起航了。”虽然我不希望失去我的读者，但对于他的这番话却深表理解。

我希望你能够喜欢这本书，也希望我能够以某种方式成为你人生旅途中的一个小小部分（在下面的几页还有几个其他选择），但如果你必须在这一点和让自己的人生发生重大转折之间作出选择的话，现在就是我们应该道别的时刻了。

愤世嫉俗要远比励志笃行容易得多。无论你作出了什么样的决定，不要让自己成为一个愤世嫉俗者。要敢于坚持自己的观点！欢迎加入到这个鲜活亮丽的世界。我们其他人还在翘首期盼你的到来呢。

致　谢

我生平最崇尚的是自由，其次就是感激。在此我特别需要感谢赛斯·高汀和他那群“另类工商管理硕士”研究生们，是他们帮我为本书想了一个最佳的书名。赛斯经常对我（和世界上其他人）谆谆教诲，要敢于挑战现状，拒绝平庸的安排，永远不要安分守己。

在美国教育部颁发的联邦“佩尔奖学金”和父亲的资助下，我得以从1995年至1997年完成了五个学期的学业，并且同时在数所大学就读。感谢克林顿总统。感谢我的父亲。

没有人天生就懂得一切，而打破常规的想法也不是只有我一个人产生过。关于追求充实人生还是匮乏人生的问题，我已经考虑了很久，但当我写到本书第8站的时候，克里斯·安德森已经就这个话题发表了自己的著作（我本来希望这本书写得不好，这样我就可以不予理会，但实际上这本书写得非常不错）。同样，克里斯·布洛根和朱利安·史密斯在他们的大作《影响力3》一书中也谈到了关于如何组建自己队伍的问题。这些都对我很有助益。

加里和苏珊·帕克夫妇是我心目中的英雄，他们带着自己的两个孩子凯莉斯和卫斯理一起，在西非已经居住了20年之久，现在他们仍然生活在那里。当我在世界各地品尝卡布奇诺的时候，他们却在战火纷飞的地区帮助那些最需要帮助的人们。无论走到哪里，我都会想起他们，并希望自己所做的一切为这个世界带来的影响能够达到他们的十分之一。

还有一些人，在我人生最关键的转折点上给予了我莫大的帮助。没有他们的参与（以及心甘情愿地为我辩护），我的人生道路就会变得大为不同。这些人包括达斯林·斯莫尔(Daslin Small)、索弗里德·奎斯特（Solfrid Quist)，以及华盛顿大学招生委员会中在我没有参加入学考试情况下破格录取我的那些人。

对于那些出现在我人生重大关头以及对我产生深刻影响的人，我尤其要致以深深的谢意。谢谢你们，肯·多尔、玛丽·吉尔博、派翠西亚·吉尔博、瑞吉娜·彼得森、J.D. 罗斯、吉安娜·斯威林根和史蒂芬妮·齐托。

戴维·福吉特是我的文稿经纪人，而他所做的一切却远远超出了推销这本书的写作计划。早在许多人注意到我的想法之前，戴维就开始对此表示关注。为了修改计划书的前几份草稿，他花费了大量的心血。

感谢明星编辑玛丽亚·加里亚诺以及企鹅出版社所有成员对本书的大力支持和推广。

此外，在过去的两年里，超级明星设计师、品牌打造魔术师莉丝·斯派克曼也在我身上倾注了不少时间和精力。无论我取得了什么样的成功，都要归功于她的慷慨指点和不吝赐教。

我还要对 LifeRemix 网站的所有同仁表示感谢。感谢你，帕梅拉·斯利姆，是你为我树立了一个良好的榜样。

感谢斯科特·哈里森以及“慈善之水”的每一位成员，感谢你们与我的愉快合作。

对于每一位 AONC 网站的读者，尤其是那些在不同时期进行了积极反馈的人，在此我表示深深的谢意。正是你们的参与，让这个网站和这本书变得更加完善。对于其中难免存在的错误和缺陷，我当然很想将其归咎于我们在前文所提到的那些“吸血鬼”，但是很遗憾，那只能是我的个人责任。

我最需要感谢的一个人就是朱莉·吉尔博，她不仅是我“主宰世界”的合作伙伴，也是我的人生伴侣。在修改本书的草稿时，朱莉从很多方面提出了不少有益的建议。更重要的是，她始终在不遗余力地改善我的人生，对于这一点，我的谢意难以言表。

世界各地像我一样的创业家、艺术家、旅行家以及专门挑刺的批评家们，感谢你们对我的关注。如果你从本书的开始一直读到了这里，我希望它没有让你们失望。欢迎你们随时在 ChrisGuillebeau.com 上给我留言。

让我们继续撼动这个世界！

克里斯·吉尔博

俄勒冈州波特兰市

附录 A

前往埃塞俄比亚，见证“慈善之水”的合作成果

对于大多数来自不发达国家的人来说，他们需要的并不是救济与施舍，而是通过改变他们的生存环境，增加他们进行自主选择的能力。虽然我们大都认为自来水和卫生设施是理所当然的事情，但是如果我们能够以此入手改善他们的生存条件，这将是一个良好的开端。有鉴于此，我已经与自己在“慈善之水”机构的朋友建立了合作关系，以期从埃塞俄比亚乡村的两个地区开始，为全球贫困地区的生存环境带来某种显著而积极的影响。

运作方式

我会将本书出版后至少 12 个月内版税的 20% 捐赠给 ANOC 的合作项目“慈善之水”机构。对于我在“非传统巡回图书见面会”（Unconventional Book Tour）或“主宰世界”高峰论坛 (World Domination Summit) 上卖出的图书，我将会捐赠出其余 80% 的版税，即全部的版税都捐赠出去。

为了能够尽可能多地与读者见面，在 2010 年末和 2011 年初，我走访了美国所有的州和加拿大所有的省份（一共 63 站！）。2011 年夏，我在俄勒冈州波特兰市主办了一次为期三天的盛会，邀请了其他演讲人和一些有趣的人一起参加。如果你想了解有关“非传统巡回图书见面会”和“主宰世界”高峰论坛的最新信息，请登录我的个人网站进行查询。

在巡回图书见面会和现场峰会结束以后，我将亲自带领一部分人前往埃塞俄比亚，作为与“慈善之水”的合作成果见证业已取得的进展，并签署相关文件。如果你想参加其中的任何一项活动，请登录网站 CharityWater.org/aonc。我希望在支持这个影响深远的目标的道路上能与你一同前行。

附录 B

如果你还有疑问，请看这里

为了不顺从而不顺从是否是另一种形式的顺从？

如果你刻意想要不顺从，当然存在这种可能。但在我看来，不顺从的人生是不同于梦游人生的另一种选择，而我们之所以会选择这种不同的生活方式，部分原因在于质疑世俗的权威和普遍的假设，并且把人生看做是一次欢欣鼓舞的、意义非凡的旅程。

如果人人都成了不顺从的艺术家该怎么办？

如果每一个人都开始质疑权威、追求远大理想，并且将自己的精力集中在帮助他人身上，这几乎就等于世界和平。然而，这个想法虽然很好，但在近期却不太可能实现。

为什么要强调敌人和朋友？（难道我们就不能友好相处吗？）

有人说过，“当一名批评家再容易不过，因为在这场游戏中，得失对于他们来说都无关紧要。”我希望每一个人都能够过得很好，包括那些选择传统人生或对其他思想不感兴趣的人们。我唯一反对的是那些总是试图阻止他人作出自己选择的人们。

你是怎样周游世界各地的，旅行的成本是多少？

在前往世界各地时，我会使用环球机票、航空里程积分和其他很多旅行省钱的诀窍，因此每一次航班的平均费用大约在400美元以下，其中还包括许多前往亚洲、欧洲和非洲的长途旅行。截至目前，全年的平均花费大约在1～2万美元之间。但是，我去过的很多国家都是人迹罕至的地方，所以如果你不需要像我一样在多个地点停留，那么即使你经常前往一些有趣的地方，其成本也应该比我的低很多。

你如何看待可持续旅游以及全世界旅游对环境造成的影响？

我完全赞同可持续旅游的观念，但我认为将旅行和可持续性对立起来是一种错误的看法。至于全世界旅游，可以肯定的是，我们一定有办法可以在环游世界的同时增强自己对环境保护的意识。

我应该做些什么以改变自己的人生？

你要心存梦想，你的梦想就是你在这个世界上最想要做的事情。当你经常因为某个想法而在半夜醒来，这就是一个良好的开端。

我不知道自己该不该去上大学（或者读研究生），我该怎么办呢？

我很喜欢音乐家鲍勃·迪伦的说法，“大学就像养老院，而且事实上，更多人死在了大学里”。无论是上大学、读研究生，还是做其他任何事情，重要的是按照自己而不是他人的想法去做。这并不是说你就不应该去上大学，要知道，当我接受了在大学里80%的时间都是一种浪费这一事实之后，我还是蛮喜欢自己高等教育的这段经历。

如果我想要自主创业，是否需要筹集大笔资金，并且去读一个商学院？

实际上，大部分事业都可以从1 000美元起家，有些甚至只需要不到100美元的资金。如果你是个新手，不妨读一读帕梅拉·斯利姆的《创业是人人必备的第二专长》(Escape from Cubicle Nation)。这本书的价格大约为18美元，与那些需要花大把银子才能参加的课程相比，这显然是一个更好的投资项目。

我怎样才可以得到更多相关信息并参与其中？

我希望能够在我的个人网站ChrisGuillebeau.com上与你结识。每年我至少撰写100篇免费的文章，而且还会前往世界各地结交各种人。你随时都可以到这个网站上跟我打招呼，给我留言。

附录 C

欲知更多详情，请查看网络资源

在本书的最后定稿中，有一些内容没有加上。为了力求简明扼要，我的编辑玛丽亚付出了许多心血。她经常问我："这些内容必须放在这里吗？你能不能把它们拿出来放到其他地方？"

这个问题提得很好，于是我制作了一个资料网页，把所有没有列入本书的内容都放到了我的个人网站上。其中包括：

★ 介绍一些在旅行中省钱的窍门，包括如何在没有乘坐飞机的情况下获得更多航空里程积分，如何不花钱入住全世界任何一个地方，以及在哪里购买环球机票。

★ 在本书第 1 站提到过的如何制作一天最佳日程安排的工作表和 MP3 音频资料。

★ 关于低成本企业的更多信息，其中包括通过旅行赚钱的 10 种方法以及从 100 美元起家的 10 种业务。

★ 在本书第 6 站中探讨过的关于如何利用"弱连接"现象组建一个小军队的方法。

★ 本书中提到的所有人的详细信息，包括他们的个人网站以及他们在推特微博和脸谱网的联系方式。

上述信息全部是免费提供的，你在下载前也无需进行注册。欲知详情，请登录我的个人网站 ChrisGuillebeau.com，取得一个完整列表。

短信查询正版图书及中奖办法

A．电话查询

1．揭开防伪标签获取密码，用手机或座机拨打4006608315；
2．听到语音提示后，输入标识物上的20位密码；
3．语言提示：您所购买的产品是中资海派商务管理(深圳)有限公司出品的正版图书。

B．手机短信查询方法(移动收费0.2元/次，联通收费0.3元/次)

1．揭开防伪标签，露出标签下20位密码，输入标识物上的20位密码，确认发送；
2．发送至958879(8)08，得到版权信息。

C．互联网查询方法

1．揭开防伪标签，露出标签下20位密码；
2．登录www.Nb315.com；
3．进入“查询服务”“防伪标查询”；
4．输入20位密码，得到版权信息。

中奖者请将20位密码以及中奖人姓名、身份证号码、电话、收件人地址和邮编E-mail至szmiss@126.com，或传真至0755-25970309。

一等奖：168.00元人民币(现金)；
二等奖：图书一册；
三等奖：本公司图书6折优惠邮购资格。
再次谢谢您惠顾本公司产品。本活动解释权归本公司所有。

读者服务信箱

感谢的话

谢谢您购买本书！顺便提醒您如何使用ihappy书系：

- 全书先看一遍，对全书的内容留下概念 。
- 再看第二遍，用寻宝的方式，选择您关心的章节仔细地阅读，将“法宝”谨记于心。
- 将书中的方法与您现有的工作、生活作比较，再融合您的经验，理出您最适用的方法。
- 新方法的导入使用要有决心，事先做好计划及准备。
- 经常查阅本书，并与您的生活、工作相结合，自然有机会成为一个“成功者”。

<table>
<tr><td rowspan="8">优惠订购</td><td>订阅人</td><td></td><td>部门</td><td></td><td>单位名称</td><td colspan="2"></td></tr>
<tr><td>地址</td><td colspan="6"></td></tr>
<tr><td>电话</td><td colspan="3"></td><td>传真</td><td colspan="2"></td></tr>
<tr><td>电子邮箱</td><td></td><td>公司网址</td><td></td><td>邮编</td><td colspan="2"></td></tr>
<tr><td>订购书目</td><td colspan="6"></td></tr>
<tr><td rowspan="2">付款方式</td><td>邮局汇款</td><td colspan="5">中资海派商务管理(深圳)有限公司
中国深圳银湖路中国脑库A栋四楼　　邮编：518029</td></tr>
<tr><td>银行电汇或转账</td><td colspan="5">户　名：中资海派商务管理(深圳)有限公司
开户行：招行深圳科苑支行
账　号：81 5781 4257 1000 1
交行太平洋卡户名：桂林　　卡号：6014 2836 3110 4770 8</td></tr>
<tr><td>附注</td><td colspan="6">1. 请将订阅单连同汇款单影印件传真或邮寄，以凭办理。
2. 订阅单请用正楷填写清楚，以便以最快方式送达。
3. 咨询热线：0755−25970306转158、168　传　真：0755−25970309
E-mail: szmiss@126.com</td></tr>
</table>

→利用本订购单订购一律享受9折特价优惠。
→团购30本以上8.5折优惠。